KB131348

당신은
나의 상처이며
자존심

당신은
나의 상처이며
자존심

그래도 사랑해야 할
가족과의 관계를 회복하는 법

이나미(신경정신과 전문의) 지음

예담

차례

프롤로그

내 아이는 절대로
사랑에 빠지지 않기를
사랑은 그 어느 것보다
내 아이를 아프게 할 터이니.

이제 강으로 내려가
헤엄을 치리.
내 사랑이 떠났으니
그 사람을 생각하며
헤엄을 치리.

사랑은 위스키 같고
붉고 또 붉은 와인 같고
사랑은 위스키 같고
달고 붉은 와인 같으니
행복하고 싶다면
언제나 사랑해야만 하리.

이제 나무보다 높은 탑에 올라가
그 높은 탑 위에 올라가
나무보다 높이 올라가
그 사람을 생각하며
바보 같은 나, 떨어지리니.
그렇게 떨어지리니.
- 랭스턴 휴즈, 〈사랑의 슬픔〉 중에서

프롤로그

사랑은 그 어느 것보다 세상을 아름답게 만들지만, 그만큼 또 우리를 가장 아프고 힘들게 한다. 찬란하게 행복한 순간에도 문득, 그 사랑의 빛이 바래면, 또 혹시라도 그 사랑이 우리를 배신하고 떠나면 어떻게 될지 상상하는 것조차 두렵다. 그래서 피하고도 싶다. 누군가와 사랑에 빠진 순간, 마침내 결혼에 성공하게 된 순간, 그래서 아이를 잉태하게 된 순간, 그 어느 때보다 아름다운 순간들 속에 우리가 문득문득 겁나고 힘들어지는 이유다.

가족은 옛날 옛적, 인류가 어쩌면 유인원을 조금 벗어날 정도의 지능과 문화를 지니게 되었을 때부터 형성된 우리 삶의 한 형태다. 모든 생명 가진 존재가 그러하듯이 때가 되면 짝을 만나 아이를 낳고 그 아이를 키우면서 자연스럽게 한군데 모여 살았기 때문이다. 아이가 태어나면, 무섭고 신기하고 힘들었겠지만, 본능적으로 아이를 돌보았을 것이고, 무서운 맹수, 자연재해, 굶주림과 싸우면서 서로에 대한 진한 가족애도 형성되었을 것이다. 그러나 역사가 발전하면서 가족의 형태와 풍경은 꽤 많이 달라지게 된다. 군락을 형성하며 살았을 때는 수십 명 이상의 부족 전체가 가족의 기능을 했을 터이고, 재산이 형성되면서 가까운 혈통 중심으로 살았을 때에는 얼마 전까지 유지 되던 대가족 형태를 지녔을 터이다. 근대화, 산업화 이후 도시 중심으로 사회가 빠르게 재편되면서부터는 움직이기 좋은 핵가족 형태가 자리 잡게 된다. 하지만 기계화와 더불어 개인이 가장 우선하는 서양의 이념들이 전 세계적으로 퍼지면서 이제는 1인 가족의 형태가 증가하고, 이혼이 일상화되면서 핏줄보다는 그 순간 서로에게 필요한 존재끼리 동거, 그룹홈, 동호회 가족 등의 새로운 형태도 등장하고 있다.

하지만 가족의 형태가 어떤 모습을 하고 있건 심리적으로는 부부, 부모자식, 형제, 조부모의 존재, 자녀들의 짝과의 새로운 관계 등등 원형적인 형태는 그대로 관찰된다. 가족이 많이 바뀌었음에도 불구하고 이 책에서 다루는 가족의 심리적 이슈들이 과거로부터 미래까지 공통적으로 관통한다고 생각하는 이유다. 더해서 이 글 앞에 놓은 랭스턴 휴즈의 시처럼, 가족 안에서의 상처는 대를 이어 전달되는 것이 문제 푸는 것을 더 어렵게 만든다. 자신이 가족 때문에 상처받았으면 그 상처를 자기 안에서 풀어내는 것이 이상적이겠지만, 오히려 자신이 받은 그대로 혹은 그 이상으로 자신의 아이에게 물려주는 경우가 많다. 그래서 상처받기 싫다면 차라리 사랑하지 말라고 주문하기도 한다. 그러나 휴즈가 지적한 대로 가족의 사랑도 작은 자아에 대한 집착에서 벗어나고 때론 추락의 공포와 슬픔도 느껴 보아야 제대로 실천할 수 있는 경우가 대부분이다. 그것은 단순히 문화가 강요하는 희생이 아니라, 자신이 성숙하기 위해 꼭 필요한 하나의 성장통일 수가 있는 것이다.

어떤 상황에서건 사람들에게 가족은 가장 중요하다. 비록 한집에 살지 않아도, 마음속에서 가족으로 생각하는 대상들은 아플 때, 실패할 때, 정말 외로울 때, 기대고 싶은 존재들이다. 그러나 바로 그런 기대감 때문에 상처가 더 큰 것도 가족이다. 상담을 하다 보면, 가장 크고 오래가는 상처는 가족끼리 주고받는 것을 보게 된다. 설령 외면적으로는 직장이나 학교 등에서 겪는 고민 때문에 의사를 찾지만, 면담을 하다 보면 그 뿌리는 가족과의 오랜 갈등과 맞닿는 경우가 거의 대부분이다.

이 책은 그런 사람들의 실제 사례들을 재구성하면서, 단순한 의학적 조언을 넘어서서, 상대방의 입장도 같이 서술해 놓아 자신의 입장을 한번 객관적으로 돌이켜 볼 수 있도록 배열해 놓았다. 어려운 의학 용어, 분석심리학적 이론보다 어쩌면 그런 '입장 바꿔 생각해 보기'가 훨씬 더 자신과 상대의 상처를 이해하고 치유하는 데 도움이 될 수도 있다는 생각에서다. 다만, 케이스만 제시하는 것보다는 조금씩 이론적인 부분도 가미하려 하였지만, 너무 학술적으로 접근하다 보면 당장 마음이 아픈 사람들의 심정을 오히려 더 복잡하게 할 것 같아 가능한 어려운 용어는 빼고 쉽게 내용을 전달하려 해 보았다. 이 책을 읽으면서 많은 이들이 한때 미워하고 원망하고 무서워했던 상대들을 이해하고 용서하고 감싸 안을 수 있으면 좋겠다.

1

가족과 나 사이에
필요한 마음의 거리

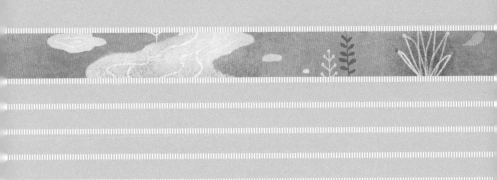

문득 낯설어지는 부모와 자식

한낮

_파블로 네루다

당신은 태양의 딸. 오레가노[1]의 사촌.
헤엄치거라. 당신의 몸은 물처럼 순수하나니.
요리하라. 당신의 피가 흙이 되어 흘러넘칠 것이니.

당신의 모든 것이 풍요로운 이 대지에서 꽃처럼 피어나리니.
당신의 눈이 파도를 향하면, 파도가 넘실거리고,
당신의 손이 대지로 뻗어나가면 씨앗들이 움틀 것이니
당신은 안다. 흙과 물의 정수精髓가
당신을 빚어 다시 태어나게 했음을.

_____

[1] 오레가노 : 건조하고 척박한 기후에서 잘 견디는 보라색과 흰색 꽃이 피는
  허브의 한 종류

여자 친구를 받아들여 주셨음 하는 아들이

어머니, 제 여자 친구가 어머니 눈에 그렇게 들지 않으신다니, 정말 당황스럽네요. 제게는 다정하고 애교스럽고 친절한 아이인데, 어머니는 "뭔가 진정성도 없는 것 같고 학벌도 변변치 않고 너무 몸이 약해서 애나 잘 낳을 수 있을지 모르겠고 집안도 시원찮고" 등등의 지적만 하시네요. 어머니께서 그렇게 제 여자 친구를 싫어하는 이유를 많이 말씀하셔서 사실 굉장히 놀랐어요. 내겐 항상 든든한 뒷심이셨던 어머니께서, 그래서 열심히 공부해 당신이 원하는 학교에 들어갔고, 당신이 원하던 전문직도 가지게 되었고, 그 때마다 항상 자랑스러운 내 아들이란 말을 해 주셨던 따뜻한 어머니께서, 내 여자 친구에게는 그렇게 차갑고 무뚝뚝하고 까다로운 사람이 될 수 있다니…… 꿈에도 상상하지 못했어요.

어머니, 혹시 지금까지 저 때문에 평생 혼자 살면서 너무 힘들었기 때문에 제가 따로 행복한 삶을 꾸리려는 게 괘씸해서 그러신가요? 아님, 저를 아버지 대신으로 생각하셔서 제가 결혼하면 혼자되는 게 무서워서 그러신 건가요? 어머니, 제가 결혼해도 절대로 어머니를 외롭게 하지 않을 터이니, 너무 걱정하지 마세요. 물론 제 여자 친구가 여러 가지로 부족한 점이 많지만, 제가 그 친구를 잘 설득해서 어머니께도 잘 하도록 이끌게요.

무엇보다 제가 손주도 낳아드리고, 어머니 칠순 잔치 때 근사하게 잘 차려 드리면, 제가 혼자 사는 것보다 남들 눈에도 더 좋아 보이지 않을까요? 어머닌 체면을 무엇보다 중요시하시는 분이니까, 제가 결혼하는 것이 어머니 체면에도 더 좋은 거 아닌가요?

어머니 눈에는 제가 세상에 둘도 없는 아들이라서 더 좋은 여자들이 줄을 잇고 있을 것 같지요? 그런데 그건 어머니 착각이에요. 나처럼 홀어머니에 외아들인 자리가 좋은 혼처라고 생각하세요? 제가 아무리 능력이 있어도 요즘 여자들은 나 같은 사람에게 시집오려고 하지 않아요. 그러니 제가 데리고 오는 여자애들에게 엄마가 그렇게까지 권위적으로 대하실 이유가 없는 거예요.

사실 어머닌 제가 어떤 여자와 결혼해도 마음에 드시지 않을 거라는 것을 압니다. 그래서 이제 저는 심각하게 고려하고 있어요. 아예 어머니와 연을 끊고 살지, 아니면 그냥 혼자 살면서 필요할 때만 만나는 여자 친구를 만들지. 절대로 어머니가 원하는 사람과 억지로 살 생각은 없으니 그리 아셨으면 좋겠어요.

그러니 제발, 이 친구를 받아들여 주시든지, 아니면 그냥 저를 남처럼 생각하시든지 결정해 주셨으면 해요. 일단 어머니께서 한 번만 져주신다면 그에 대한 감사의 마음으로라도 제가 최선을 다해서 두 사람이 서로 잘 지낼 수 있도록 하겠습니다.

아들의 삶에 계속 동참하고 싶은 어머니가

○ _ _ _ 아들에게

네가 인연을 끊겠다는 이야기를 했을 때 엄마는 정말 네가 내 아들이 맞나 하는 생각이 들었다. 얼마나 내게 곰살궂게 굴던 따뜻한 아들인데, 여자 친구가 생겼다고 이렇게 변할 수 있나 생각하니 지금껏 엄마가 인생을 헛살았구나 하는 생각도 들더라. 이제 겨우 만난 지 1년도 채 되지 않은 여자 친구와의 인연이 너를 뒷바라지 하면서 살았던 지난 30여 년의 세월을 모두 상쇄하고도 남는다니 정말 어이가 없기도 하다.

물론 때가 되면 짝을 찾아가는 것이 맞는 얘기지만, 꼭 이런 식으로 엄마에게 통보를 해야 하는 건지 이해가 가지 않는구나. 네가 어떤 아이니. 어린 나이에 남들 하지 못한 많은 것들을 성취하고 이뤄 낸 아들이 아니냐. 항상 우리 부부에게 자랑이었고, 또 우리가 하라고 하는 것은 다 해낸 착한 아들이 아니냐. 이제 와서 이렇게 변하다니 정말 이해가 가지 않는다.

아마 네 여자 친구의 영향이 아닌지 의심이 가지 않을 수가 없구나. 그래서 이 엄마는 그 아이가 더 싫다. 내 착한 아들을 갑자기 남으로 만들어 버리고, 또 나까지 자기가 원하는 대로 너를 통해 조종하려 드는 것 같아 더 기분이 나쁘다. 원래 고부 관계란 게 힘들다는 것 이 엄마도 잘 알고 있고, 그래서 더 내 며느리에게는 모든 것을 다 해 주는 좋은 시어머니가 되리라 꿈꾼 적도 있었는데. 그동안 엄마가 간직해온 예쁜 꿈이 다 깨지는 것 같아 그게 더 아쉽고 서운하다.

어차피 노후를 네게 기댈 생각도 없었기 때문에, 네가 만약 이런 엄마가 마음에 들지 않아 인연을 끊겠다고 한다면 이 엄마는 특히 반대할 마음도 없다. 네게 좋은 모자 지간을 유지하자고 구걸하고 싶은 생각도 없고. 그냥 네 결혼식에는 남들 눈도 있고 하니 나타나 주마. 그러나 그 이후로도 나하고 특별히 정 있게 살 생각은 아예 하지 않았으면 좋겠다.

군이 에디푸스 콤플렉스나 일렉트라 콤플렉스 등을 들먹이지 않아
도, 또 부성 콤플렉스나 모성 콤플렉스의 개념을 몰라도 요즘 대부
분의 젊은이는 자식을 한없이 조종하려는 부모의 품에서 빠져 나오
고 싶어 한다. 어쩌면 그런 태도가 오히려 정상이고 건강한 것일 수
있다. 효도라는 사회적 덕이 점점 사라져서 걱정이라는 기성세대들
이 많지만, 더 깊이 들어가 보면 부모라는 이름으로 자녀들에게 독
재자 노릇을 했던 어른들에 대한 젊은 세대들의 피로감을 고려해 보
아야 할 것이다.

무조건 아들이라면 거의 아버지나 남편, 심지어 나랏님처럼 섬기
고 나보다 더 배운 자식이 어련히 잘 알아서 하겠거니 하며 무조건
적인 신뢰를 보냈던 시골 촌로들이 분명 얼마 전까지는 존재했다. 그
러나 최근 몇 십 년 간의 똑똑하고 배운 부모들은 주로 내 가치관과
소신대로 자녀들을 키우고 휘두르려 하는 경향을 보인다. 자녀들이
무언가를 하려고 할 때, "내가 다 해 보았는데……" 하면서 자녀 앞
길을 막는 경우도 적지 않다. 이런 부모들은 자녀가 좌충우돌 세상
을 배워나갈 기회를 주지 않는다. 왜 자신의 말을 듣지 않아 편히 갈
길을 헤매면서 가는지 이해가 가지 않는다.

자녀가 학교를 들어가고 직업을 선택할 때뿐 아니라 애인을 만나고 결혼을 할 때도 일일이 부모의 허락을 받아야 한다고 생각하는 부모들은 결국 자녀를 아예 잃게 되는 길을 가게 될 수도 있다. 자신의 선택, 그에 따른 결과를 스스로 책임지는 연습을 자녀가 할 수 있도록 도와서 그들이 부모가 도와주지 않아도 깊은 행복과 만족감을 느낄 수 있게 하는 것이 부모의 의무다. 나를 떠나면 죄인이라며 죄책감을 강요하는 부모는 자칫 자녀에게는 심하게 말해서 가슴에 얹은 답답한 돌 같은 존재로 인식될 수도 있다. 또 반대로 자녀들이 부모로부터 받는 것을 당연하게 생각하도록 지나치게 착한 부모 역할만 하는 것 역시 자녀를 엇나가게 만드는 것이다. 많은 것을 희생하고 베풀었는데도 자녀들로부터 배척당하는 원인들이다.

반대로, 부모의 간섭이 싫다고 하는 자녀들 중에는 중요한 결정은 내가 다 하고, 부모의 유산도 다 받아 챙기되, 조언이나 간섭은 싫다고 하는 경우가 있다. 진정으로 독립은 하지 않았으면서 겉만 독립한 듯 착각하는 것이다.

또, 초기에는 어머니가 내 여자 친구와 경쟁심을 느끼고 미리 예단하고 고부관계를 더 어긋나게 만들기도 한다는 점을 이해해야 한다. 어떤 관계든 자연스럽게 친해지기에는 꼭 시간이 필요하기 마련이다. 어머니와 여자 친구가 서로를 받아들이고 익숙해지기까지 참고 기다리며, 그 사이에서 관계의 윤활유 역할을 하려는 태도가 중요하다.

독립은 언제 해야 하는 걸까

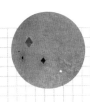

작아지는 몸

_ 이영광

당신 곁에 앉아 당신을 보는 것은
작아지는 몸을 수수방관하는 일
당신을 어루만져 작게 만들고 있는
투명한 손 곁에서의 속수무책

당신은 작아지고
쭈글쭈글해지고
샘처럼 어두워지고

당신이 산그늘에 누워 춥고 먼 골짜기들을 그리워할 때
절룩거리는 무릎뼈를 내려놓고
배추밭 사이를 가벼이 날아갈 때
배추흰나비와

호롱불 같은 얼굴들과 물동이와
싸락눈과
춥던 군불 속으로 들어갈 때
내 손을 가만히 놓고 오십년, 육십년 전으로
조그맣게 떠내려갈 때

당신은 인형처럼 야위고
또 작아지고, 무엇보다도
작아지고 싶어하고

당신 곁에 앉아 당신을 보는 것은
당신을 자꾸만 조그맣게 만들고 있는
작고 가녀린 힘을
막을 가녀린 힘이 내게 없는 일

샘과 물동이와 군불이 목이며 눈에 들어오는 일
메다가 젖다가는 터져버릴 것 같은
쓸모없는 큰 힘만이 두 손에 가득한 일

자기 인생은 자기가 결정하고 싶은 아들이

✉ _ _ _ 엄마에게

엄마, 정말 제 인생 간섭 좀 하지 말아 주세요. 저는 더 이상 엄마가 돌봐주어야 할 아이가 아니에요. 저도 사생활이 있어요. 아무 때나 제 방에 들어오시지도 말고, 내가 어떤 여학생이랑 사귀는지 너무 관여하지도 말고, 누구랑 사귀고 누구랑은 사귀지 말고 이런 식으로 내 친구관계까지 침범하지 마세요. 엄마 마음대로 엄마가 좋다고 판단하는 전공을 택하라고 강요하고, 엄마가 좋아하는 방식으로 사는 사람이 되라는 소리도 하지 마세요. 저는 엄마가 아니잖아요. 어째서 엄마는 엄마가 좋으면 나도 좋고, 엄마가 싫으면 나도 싫을 거라고 짐작하세요? 저를 아직 엄마 배 속에 있는 아이로 착각하시는 거 아니에요?

어제도 그래요. 어쩌다 답답해서 기분전환으로 하는 게임 좀 했다고 나를 무슨 게임 중독자니, 우울증 환자니, 하는 식으로 함부로 말하지 말아주세요. 엄마가 카톡이나 전화로 친구들하고 이야기하고, 매일 저녁 드라마 보면서 스트레스 푸는 것처럼, 나도 게임하고 친구들하고 페이스북 하면서 내 스트레스 푸는 거예요. 엄마가 백화점 가서 옷 산다고 몇 시간씩 있는 거나, 내가 아이템 얻겠다고 컴퓨터 안에서 이리저리 왔다 갔다 하는 거나 뭐가 다른가요? 그런데 엄마는 어째서 본인은 문제가 없고 나한테만 문제가 있는 것처럼 말해요? 그건 공평치 않아요.

엄마 말은 딱 그거잖아요. 공부 안 하고 게임만 하면, 그래서 좋은 대학에 못 가면, 인생의 낙오자가 된다는 거죠. 공부 잘하면 괜찮은 인생을 살고, 공부 못하면 불행한 인생을 살 거라고요? 전 그런 거짓말 믿지 않아요. 엄마, 아빠가 그 증거니까요. 엄마, 아빠, 둘 다 그만하면 좋은 대학 나오셨잖아요. 그래서 나름대로 괜찮은 직장도 다니셨잖아요. 그런데 엄마, 아빠가 일하면서 행복하다고 저희에게 이야기하신 적 있나요?

직장을 그만두고 나서, 엄마는 툭하면 직장 괜히 관두었다고 말하시지만, 막상 직장 다닐 때 너무 힘들다고 저희에게 짜증낸 적이 얼마나 많았어요. 그 땐 정말 사는 게 끔찍하다고 말씀하셨잖아요. 나이는 어리지만, 저도 기억할 건 다 기억하고 있어요. 물론 우리들 키우고, 집안일 한꺼번에 하시려니, 힘드셨겠죠.

그렇지만 남자라서 엄마처럼 살림을 병행하지 않아도 되는 아버지도 사람들이 모두 부러워하는 대기업 다니시면서 행복해 하셨나요? 우리가 어렸을 때 아빠랑 어디 어디 놀러가고 싶다고 하면, 직장에서 경쟁이 심해 그렇게 놀러 다니다가는 바로 잘린다고 하셨잖아요. 그래서 저희들 자랄 때, 편하게 앉아서 제대로 얘기 한번 할

1_ 가족과 나 사이에 필요한 마음의 거리

시간도 없으셨잖아요. 제가 누굴 사귀는지, 선생님은 어떤 사람인지 관심 한번 가져 보신 적이 있나요? 그러다 결국 몇 년 전 그 직장 그만두셔야 했잖아요. 아버진 오히려 잘 되었다고 얘기하셨지만, 사실 엄마는 걱정을 많이 하셨던 거 기억나요. 우리들 앞에서 한숨도 쉬고, 저희가 이제 큰일 났구나 하고 무서울 정도였어요.

처음 아버지께서 혼자 작은 사업체를 차리셨을 때가 생각나요. 대기업 다닐 때와는 달리, 사업을 시작하시니까 모든 것이 힘들다고 하셨지요. 이미 자리 잡고 있는 경쟁업체 사람들하고 부딪칠 때, 자신보다 학벌도 처지고 머리도 나쁜 것들이 돈 좀 잘 번다고 위세 부린다고 말씀하신 적이 있어요. 아버지는 아마 기억도 안 나시겠지만, 저는 그런 아버지 보고, 학벌이 출세와 돈을 보장해 주는 것이 아니라는 사실, 알게 되었어요.

그래도 엄마 말이 맞아서 좋은 대학을 나와 좋은 직장을 다닌다고 쳐요. 어머니가 말하는 출세와 돈, 안정된 직장, 번듯한 결혼 생활, 전 그런 것이 그렇게 중요하다고 보지 않아요. 왜 엄마, 아빠는 끊임없이 남들과 비교해서 남보다 잘사는 것에만 그렇게 관심이 많으세요. 부모님 세대야, 그저 돈 벌고 출세하는 게 인생의 목표였는지 모르겠지만, 제 생각은 좀 달라요. 남보다 더 쓰고, 남보다 멋지게 사는 것 따위에는 관심이 없어요. 그냥 저는 저 하고 싶은 대로 살고 싶어요. 남에게 어떻게 보이는 것이 왜 그렇게 중요해요. 저는 게임하는 걸 좋아하니까 돈을 좀 못 번다 해도 그냥 살래요.

엄마가 관심 가지는 웰빙이니 퓨전이니 하는 것들이 실은 속물적인 거라는 사실을 아세요? 먹는 것까지 햄버거나 라면 같이 싼 것은 절대 안 먹어가며 꼭 오래 살고 싶지도 않아요. 엄마, 아빠 할머니, 할아버지가 오래 사시기 때문에 골치 아프시다면서요. 그분들이 장수하셔서 병원비 많이 든다고 하시잖아요. 저도 할머니, 할아버지처럼 채소나 과일 먹고 관리 잘하고 운동 많이 해도 어차피 오래 살면 병원비만 들 거예요. 하는 일도 없고, 먹고 싶은 것도 못 먹고, 재미도 없이 그렇게 오래 살 필요가 있나요. 그러니 좋은 직장 다녀야 몸에 좋은 것들 취할 수 있고 행복할 수 있다는 그런 거짓말은 하지 마세요.

옷도 그래요. 엄마, 아빠가 원하는 그런 비싼 옷들, 전 필요하지 않아요. 어차피 한 해만 지나면 유행이 지나서 입을 게 없다고, 엄만 꽉찬 옷장을 앞에 놓고 항상 그러잖아요. 비싼 옷 사서 몇 번 입지도 않고 옷장만 꽉꽉 채울 거면 도대체 왜 옷을 사는가요. 엄마, 아빠처럼 좋은 대학을 가서 많은 돈을 주는 직장을 잡고, 좋은 음식 사 먹고 좋은 옷을 입어도, 여전히 불행하고 불만만 많은데, 도대체 왜 제게 성공하라고 강요하시는 거예요. 정말 저는 엄마의 그 성공 소리 때문에 숨이 막혀요.

아들의 인생이 불안한

💬 ___ 엄 마 가

아들아. 네 눈에 엄마, 아빠가 그렇게 문제가 많은 것으로 보이는지, 또 그렇게 이중적인 사람으로 비치는지 미처 몰랐다. 우리는 나름대로 열심히 일하고, 또 남들에게 모자라거나 없어 보이지 않으려고 이런저런 체면치레들을 한 것이 네게는 위선적이고 자랑이나 하는 것으로 보였구나. 열심히 일해서 남들처럼, 아니 남 못지않게 행복하게 잘 살아 보는 것이 우리의 목표였는데. 그런 것들이 네게는 하찮아 보인다니 참 난감하다.

그래도 열심히 일해서 무에서 유를 만들어 낸 부모 덕에 네가 지금까지 편안하게 부족함 없이 기죽지 않고 살지 않았니. 만약 엄마랑 아빠가 너무 무능해서 네가 하고 싶은 공부도 시키지 못하고, 네가 여행가고 싶다 해도 보내 줄 돈이 없고, 네가 먹고 싶은 것도 사 먹지 못할 정도였다면, 그래도 네가 돈이 아무 가치가 없는 것이라 우리에게 말할 수 있을까?

또 만약 네가 우리한테 아무런 유산도 받지 못한 채 하다 못해 거리의 악사가 된다고 치자. 처음에 당분간은 하고 싶은 음악을 마음대로 하니까 좋을지 모르지만, 하루 밥값과 여관비도 안 되는 돈을 받아서 어떻게 살지 구체적으로 생각해 본 적이 있니, 독립이란, 단순히 몸만 나가서 되는 것이 아니란다. 네가 게임을 좋아하고 음악을 좋아하는 것, 그래 좋다. 만약 네가 혼자서 독립해서 살 수 있는 어른이라면 엄마가 네 취미까지 간섭할 필요는 없겠지. 문제는 네가 무슨 돈으로 게임 아이템을 사고, 무슨 돈으로 음악을 들으며 살지 엄마는 걱정이 된다.

그냥 막연하게 아빠처럼 사업 하면 된다고 말하지 마라. 아빠가 사업을 시작할 때는 지금처럼 사람들이 똑똑하지도 않았고, 여러 가지로 엉성할 때였다. 그냥 주먹구구식으로 열심히만 하면 어떡하든 밥은 먹고 살 수 있었던 허술한 때지. 하지만 지금은 어디 그러니. 너뿐 아니라 세상 사람들 모두 너무 똑똑하고, 또 웬만한 일들은 다 이미 시작들 하고 있어서 새로 끼어들어갈 자리가 정말 없지 않니?

네가 구체적인 계획도 없이 그냥 어떻게 되겠지 하는 마음으로 사는 걸 보면, 꼭 부모가 물려 준 것으로 편하게 무위도식하겠다는 말로밖에 안 들리는구나. 지금 학생일 때 공부를 열심히 하면, 사회인이 되어서 또 자기의 일을 열심히 하지 않겠니. 성적이 문제가 아니라, 네가 성실한 태도를 가지는 것. 그게 엄마, 아빠의 소망이야. 그런데 네가 숨이 막히다고 하니, 어디서 어떻게 시작해 너에게 내 뜻을 전해줘야 할지 정말 모르겠구나.

자녀 교육에 대한 책과 강의는 넘쳐나지만, 아이를 키우는 일이 막상 자신에게 닥치면 대부분의 지식들이 다 소용없게 된다. 끊임없는 시행착오를 겪어야 하는 게 자녀교육이란 뜻이다. 어쨌거나 자녀들이 어렸을 때는 야단치고 조종할 수 있지만, 일단 머리가 커져서 자기 주장을 하기 시작하는 사춘기 이후에는 부모 자녀의 관계는 악화되거나, 아니면 아예 서로를 무시하면서 살게 되는 경우가 적지 않다. 사춘기 시절 상처받은 관계는 쉽사리 회복되지 않고 그대로 연장이 되어서 부모가 나이 든 후에는 아예 서로 보지 않고 살게 되기도한다. 다 그런 건 아니지만, 독거노인들 중에는 자녀와 사이가 틀어져 외롭게 노후를 보내는 이들도 있다.

이 책은 자녀교육서가 아니기 때문에 교육의 각론을 자세하게 풀어 놓을 수는 없지만, 기본적으로 자녀의 꿈을 막아서지 말기, 그러나 스스로의 인생을 책임질 줄 알고 의존하지 않게 가르치기, 서로를 간섭하지 말고 존중해 주기 등만 지켜도 성인자녀와 비교적 지혜롭게 관계를 이어나갈 수 있다는 점을 강조하고 싶다. 자녀들 역시 말로는 독립을 외치면서도 먹을 것, 입을 것, 잘 자리 등 많은 것을 부모에게 의존하고, 막상 자신이 하고 싶은 것을 요구할 때만 성인인 것처럼 행동하는 이들이 적지 않다. 가장 중요한 것은 나 자신이라고 말할 때의 '나'는 무책임하고 이기적인 '나'가 아니라 다른 사람들에게 폐를 끼치지 않고 좋은 영향을 줄 수 있는 성숙한 '나'를 의미해야 한다. 만약 자녀가 이런 태도를 갖추지 않았다면 그 책임의 팔 할 이상은 부모에게 있다.

사실 성인이라기에는 미숙하기만 한 자녀가 성숙한 어른으로 거듭나기 위해서 부모가 할 일은 그다지 많지 않다. 오히려 간섭하고 조언하면 할수록 부모 자녀 관계만 어긋나는 경우가 적지 않다. 다 큰 자녀가 책임감 없이 권리만 주장할 때는 가까이 가서 무언가를 바로잡으려 하면 할수록 늪처럼 빠져들어 갈 가능성이 높으니, 오히려 사이를 두고 자녀가 어른이 될 때까지 기다리는 게 나을 때도 많다. 자녀들 역시 진정한 독립은 부모에게 주장하는 것이 아니라 혼자 찾아 나가는 것이라는 점을 명심할 필요가 있다. 부모 말씀에 절대 순종하던 자녀들이 어른이 되면(취직과 결혼 등의 전환점에서) 종종 두 개의 길로 간다. 모든 일에 의존하는 어른아이로 남아 있거나, 아예 부모와 연을 끊다시피 하는 것이다.

부모든 자녀든 목표는 각자의 삶을 나름대로 잘 살아가는 것이니, 언제든 서로 떠나보낼 준비를 반드시 해야 한다.

갈수록 힘든 대화

꿈

_ 서홍관

나에게도 꿈이 하나 있지.

논두렁 개울가에
진종일 쪼그리고 앉아

밥 먹으라는 고함소리도
잊어먹고

개울 위로 떠가는
지푸라기만
바라보는

열다섯 살
소년이 되어보는.

이야기를 하지 않으려는 자녀에게

✉ ___ **부모가**

아들아. 너하고 이야기해본 게 정말 언제였는지 까마득하구나. 어렸을 때는 그렇게 귀엽고 예뻤던 네가 사춘기에 들어선 뒤 어느 틈에 점점 말이 없어지더니 이젠 아예 방문을 닫고 들어가 전혀 다른 세상에 살고 있는 것 같다.

네가 중학교에 들어간 지 얼마 안 되어 엄마한테 정말 지독하게 화냈던 때가 있었지. 초등학교 때와 달리 적나라한 성적표를 받아 보고, 엄마랑 아빠는 많이 실망했었단다. 네가 머리도 좋고 말도 똑 부러지게 하곤 해서, 정말 우수한 아이라고만 생각했었거든. 중간도 되지 않는 성적표를 갖고 오리라곤 상상도 하지 못했었다. 화가 난 아빠, 엄마가 어떻게 이런 성적을 받아 올 수 있느냐고 하니 네가 우리에게 주먹을 불끈 쥐고 소리를 지르면서 방으로 들어갔었지. 그리고 아빠가 따라 들어가 어떻게 그런 버릇없는 말을 할 수 있느냐고 또 화를 내고.

그런 식으로 성적과 관련해 자꾸 싸우게 되어서 그런 거니. 중학교 2학년에 올라가면서부터는 아예 입을 닫아 버리고 학교에서 돌아오면 그냥 네 방에 틀어박혀 지내더구나. 어쩌다 엄마, 아빠가 뭐라고 말하면 소리부터 지르고.

이젠 정말 네게 어떻게 다가가야 할지 모르겠구나. 아직 엄마, 아
빠는 너를 많이 사랑하는데 제발 마음의 문을 좀 열어 주면 안 되
겠니.

마주쳤다 하면 싸우게 되는 부모에게

💬 ___ 자 녀 가

엄마, 아빠, 내가 이야기를 하지 않는 것을 보고 그냥 막무가내로
화만 낸다고 생각하시죠? 솔직히 저, 그동안 화가 많이 났었던 건
사실이에요. 그래서 제가 화가 나는 걸 다 표현하면 정말 부모님과
너무 멀어질 것 같아서 차라리 피하는 게 낫다고 생각해서 피한 거
예요. 나도 엄마, 아빠와 농담도 하고 재미있게 지내고 싶은데 부모
님은 항상 내 성적 걱정만 하시잖아요. 정말로 내 형편없는 성적을
보고 제일 화가 많이 나는 사람은 나인데, 정작 그것 때문에 울고
싶고 황당한 건 나인데, 엄마, 아빠는 왜 그런 제 마음도 몰라주고
저보다 훨씬 더 흥분하고 분노하는지 저도 답답해요. 그럼 저는 어

디에 가서 제 마음을 애기하죠? 부모님은 내가 공부를 잘해야 남들에게 체면도 서고, 어디 가서 자랑도 할 수 있을 것 같아 제 성적을 신경 쓰는지 모르겠지만, 저는 제 먹고살 일이 걱정되어서 더 우울해요.

저도 사실 성적이 올랐으면 좋겠고, 공부도 잘했으면 좋겠어요. 하지만 머리에 들어오지 않는 걸 어떡해요. 중학교에 들어와 이럴 줄 알았으면 초등학교 때 영어, 수학, 과학 같은 것은 탄탄하게 해 둘 걸 후회도 되지만, 너무 늦은 걸 어떻게 해요. 물론 어른들이 보기엔 내가 조금만 노력하면 될 것 같지요. 하지만 그렇지 않아요. 학교에서 선생님이 이야기하는 것 중에 반 이상은 기초가 없어서 그런지 무슨 말을 하는지 모르겠어요. 그렇다고 모르니 다시 설명해 달라고 할 수도 없고. 선생님은 우리들이 알아들었는지 모르는지 상관없이 진도만 나가고. 잘 하는 애들은 아마 다 잘 알아듣겠죠. 하지만 걔네들도 거의 자는 걸 보면 수업이 재미없는 것은 공부 잘하는 애나 그렇지 않은 애나 마찬가지인 것 같아요.

그런 재미없는 학교를 날마다 가야 하는 것이 얼마나 고문인지 엄마, 아빠는 한 번쯤 상상이나 해 보셨어요. 엄마는 언젠가 무슨 강의인가 갔다 와서는 너무 재미없어서 두 시간이 정말 지루했다고 가족들한테 말하신 적이 있었죠? 저는 그 때 사실 속으로 쓴웃음을 지었어요. 엄마는 겨우 두 시간 갖고 그 불평을 하면서 하루에 열 시간 이상 무슨 말 하는지도 못 알아들으면서 앉아 있어야 하는 제 입장은 어떻게 한 번도 헤아려주지 못하는지 말예요. 제가 무슨 도 닦는 사람도 아니고 정말 의미 없이 멍하니 앉아 있는 것이 얼마나 힘든데요. 그렇다고 다른 짓도 못해요. 책상에다 무슨 책 놓고 보고 있냐고 야단이나 치고 말예요. 그래서 저는 사실 학교를 그만 두었으면 좋겠어요. 그리고 기술을 배워서 빨리 독립했으면 좋겠어요. 그런데 엄마, 아빠는 계속 학교만 다니라고 하고. 저는 정말 가슴이 답답해서 터질 지경이란 말예요.

이런 제 마음 때문에 부모님이랑 이야기하면 싸울 게 뻔하고, 그렇다고 제 말을 들어 주실 분들도 아니니까 그냥 자꾸 도망가는 거예요. 의미 없이 부딪치기 싫으니까요. 그러니 정말 저와 말을 섞기 원하시면 공부하라는 말만 하지 마시고, 제발 제가 뭣 때문에 힘든지, 또 뭘 원하는지 한 번만 물어봐 주시고 귀 기울여 들어 주세요.

부모가 자녀와의 갈등에서 당황하기 시작하는 시기가 거의 대부분 이맘때이다. 초등학교 때까지는 성적이 확실하게 나오지 않고, 또 언젠가는 정신차리고 잘 하겠지 하고 믿고 있다가, 중학교에 들어가는 순간 자식의 성적표를 보고 너무 실망해서 그 때부터 아이를 다잡다가 부모 자식 관계가 어그러지는 경우가 상당히 많다. 또 성적은 그냥저냥 나오지만 부모의 간섭이 싫어서 점점 부모와 멀어지는 자녀들도 적지 않다. 흔히 중2병이라고 말하거나 혹은 사춘기라고 말하는 이 시기를 어떤 학생들은 부모와 큰 갈등 없이 지나고 어떤 학생들은 그야말로 원수가 되어 보낸다. 차이는 무엇일까?

일단 자녀가 초등학교 고학년이 되기 이전에 자녀를 한 사람의 독립된 인간으로 존중해 주고 자신들의 의사결정권을 갖고 판단력을 키울 수 있도록 도와주는 게 필요하다. 강요된 상황에서 공부하는 아이와, 스스로 열심히 살아야 하겠다는 의지가 있어서 매사에 성실하게 사는 아이는 점점 갈수록 차이가 난다. 이른바 자기주도 학습을 표명하는 학원들이 조금씩 늘어나는 이유이기도 한데, 아이들에게 정말로 필요한 것은 부모의 잔소리가 아니라 스스로 왜 열심히 살아야 하는지, 또 열심히 사는 게 잘 안 될 때는 스스로 어떻게 다스려서 인내심을 키우고 세상에서 살아가야 하는지를 배우는 것이 더 중요하다. 타의에 의해 강요된 삶을 사는 사람과 스스로의 내적 동기로 세상을 사는 사람은 노예와 주인처럼 다르게 살 수 밖에 없다.

자녀와 이런저런 문제로 갈등을 빚고 있다면, 혹시 내가 자녀를 노예나 내 부속물 혹은 별개의 인간이 아니라 나의 분신인 듯 착각하고 있는 건 아닌지 먼저 점검해 볼 필요가 있다. 자녀가 살아나가는 데 절대적으로 필요한 것은 좋은 학벌이나 큰 유산이 아니라 부모가 이 세상에서 사라져 없어도 잘 살 수 있는 회복력, 지구력, 현실적응력 들이다.

그리고 흔히 부모들은 자식들이 크면 클수록 대화가 어렵다고 말한다. 예전에는 대화가 통했는데, 머리통들이 커지니 부모를 무시한다고도 얘기한다. 아들이 결혼을 하더니 완전히 바뀌었는데 며느리가 잘못 들어 온 게 분명하다는 둥, 딸을 이상한 집에 시집보냈더니 그 착한 애가 스트레스 받아서 애꿎은 엄마에게 화풀이한다는 둥 하소연한다. 그런데 과연 그럴까. 가만히 관찰해 보면, 그동안 자녀들하고 문제가 없었는데, 외부 요인 때문에 이상해졌다고 말하는 부모들일수록 실제로 자녀들과 제대로 된 대화를 한 적이 없는 경우가 대부분이다. 즉, 부모들이 일방적으로 말하고 자녀들은 그냥 듣는 척했던가, 혹은 그냥 참고 들어주다가 자녀들이 독립적으로 살 힘이 생기니 더 이상 부모가 하라는 대로 하지 않게 된 것뿐이다. 만약 자녀들과 대화가 잘 통하지 않는다면, 그렇게 밖에 대화할 수 없도록 한 자신의 대화법을 먼저 생각해 보아야 할 것이다.

성공적인 대화의 99퍼센트는 참을성 있고 적극적인 경청에 달려 있다. 사람들의 뇌는 자기가 하고 싶은 말을 할 때 행복감을 느끼고, 자신의 생각과 다른 말을 억지로 듣고 있을 때 불행해진다. 부모나 자녀, 또는 형제라도 얼마든지 자신과 다른 가치관과 인생관을 갖고 있을 수 있다는 점들을 가족이기 때문에 자주 잊어버리는 것뿐이다. 가족이라면 같은 종교, 같은 철학, 같은 생활방식을 갖고 인생을 살아야 한다는 것은 일종의 전체주의적 독재일 뿐이다. 예전처럼 사회가 단순하고, 단일한 이데올로기와 환경에서 살 수 있다면 모를까, 복잡하고 다양한 21세기에 가족이라는 이름으로 서로에게 맞지 않는 무언가를 강요하는 것은 일종의 폭력일 수 있다. 서로에게 침범하지 않고, 폐 끼치지 않고, 직접적인 상처를 주지만 않는다면, 얼마든지 다양한 생활방식을 허용해 주는 것이 가족끼리의 예의이다. 그리고 그런 실천이 가능한 토대는 자신의 생각과는 정말로 많이 다른 부분도 참을성 있게 들어 주고 진심으로 이해해 주려는 열린 태도이다. 만약 그런 인내를 실천하는 것이 불가능하다면, 어쩌면 단란한 가족이 주는 행복을 포기하고 무소의 뿔처럼 혼자 사는 것도 한 방법이다.

어른이 된 자녀, 어머니에게 생기는 일

고요한 재난

_ 함성호

2
어쩌면 나는 단 한순간도 혼자였던 적이 없었습니다
무덤 같은 자궁 속에는 과연 무엇이 들어 있었을까요?
······

4
어머니, 왜 냉장고 안에 계세요?
천천히 상하기 위해서란다
너는, 오래오래 나를 먹을 거잖니?

꽃의 웅크림 속에는 다른 광막함이 있다 사람들은 그 땅을
찾아가 죽는다 세계는 수와 상징을 항한, 그리고 열정으로
이루어졌다고, 적는다

사생활을 존중받고 싶은 며느리가

✉ ___ 시 어 머 니 에 게

어머니. 정말 어머니 때문에 못 살겠어요. 어머니가 이런 분인 줄 미리 알았으면 아예 결혼을 없었던 걸로 했을 거예요. 결혼했으면 일단 부부 중심으로 살아야 하는 게 당연한 일 아닌가요? 어떻게 모든 집안일을 어머니와 남편 둘이 결정을 하려고 하세요? 물론 남편이 결혼하기 전, 아버지 안 계신 집안에서 가장 노릇을 하면서 어머니가 남편에게 많이 의지하셨던 건 알아요. 어린 나이에 일찌감치 집안에 대한 모든 책임을 지고 살았던 남편의 성실함과 의젓함에 반해서 제가 결혼을 결정했으니, 어쩌면 그런 남편과 시댁을 택한 제 잘못이 더 클 수도 있겠네요. 그래서 제가 그동안 어머니와 남편이 정말 세상에 없는 애인처럼 붙어서 다니는 것을 보면서도 그냥 참곤 했어요. 효자인 남편과 시어머니 사이를 질투하는 속 좁은 여자가 되는 것도 싫었구요.

그런데 어머니, 정말 제가 참을 수 없는 건, 새벽이든 밤이든 아무 때나 저희를 찾으시는 거예요. 물론 저희가 경제력이 없어서 일단 어머님 댁에 살고 있으니, 저희가 모자란 탓이 제일 크겠지만, 어머니, 최소한 아침 7시 전이나 밤 10시 이후엔 저희 부부가 뭘 하든 좀 내버려 두시면 안 될까요. 새벽 예배를 가야 한다며 차를 태워달라고 몇 달에 걸쳐서 꼬박꼬박 저희 부부를 깨우실 때는 정말 미치겠더라구요. 어머님이야 노인이니까 밤에 일찍 주무시고 새벽에 일찍 깨시겠지만, 저희 부부는 아직 젊은 사람들 아닌가요. 회식이든, 친구들과 만나든, 다 새벽 한두 시가 되어야 끝나는데, 최소한 잠을 여섯 시간은 자게 해주셔야 하지 않나요. 집에 돌아와 새벽 3시가 다 되어야 겨우 잠이 들었는데, 교회 가신다고 5시 반에 저희를 깨우면 저희는 어떻게 사나요.

어머님이 계신다는 이유로 시누이들이 아무 때나 들이닥치는 건 또 어떻구요. 밤 12시건, 1시건, 초인종을 울릴 때면 정말 깜짝 놀라겠어요. 저희도 좀 쉬어야 그 다음날 일을 하지 않겠어요.

일요일도 그래요, 어머니. 어머님 모시고 일요일이면 교회에서 몇 시간씩 보내고 끝나고 나면 바람 쐬고 싶다고 해서 용인이니, 강화도니, 북한산이니, 한바퀴 돌고 오는데요. 어머님 모시고 운전을 몇 시간 하고 오면, 남편이 늘 허리 아프다고 주물러 달라고 하더라구요. 일주일 내내 혹사한 허리, 주말이라도 좀 쉬면 안 될까요. 일요일이면 남편이 아내인 저와도 시간을 좀 보내야 저희도 정말 결혼한 부부처럼 생각이 들지요. 우리 둘 다 일주일 내내 안팎으로 일했으니, 주말에는 우리끼리 오붓하게 시간을 보내야, 저희도 서로 사랑하면서 지낼 수 있지 않을까요. 요즘 같아선, 남편을 봐도 화만 나지 남자로 보이지 않아요. 그저 어머니의 아들로만 보일 뿐이에요. 남편도 어머님 비위 맞추랴, 내 불평 들으랴 집에 들어오기가 싫대요.

어머니도 이렇게 우리 부부가 사이가 나빠져서 결국 이혼하는 것을 바라진 않으실 것 아니에요. 아무리 어머니와 저희가 한집에 살고 있어도, 저희 부부 사생활 좀 존중해 주세요. 이러다 저희 아이도 못 가지고, 결국 부부 사이만 멀어져서 서로를 미워하면서 헤어질 것만 같아요. 그럼 저는 아마 아주 오랫동안 어머니를 용서할 수 없을 것 같아요. 결혼 전에는 제가 누군가를 이렇게 미워할 수 있다는 것을 상상할 수 없었어요. 정말 때론, 이러면 안 되는데, 어머님이 안 계시면 어떻게 될까 상상을 해요. 아직 어머니께서 젊으신데 정말 잘못 되시기라도 하면, 그런 나쁜 마음을 품었던 저 자신을 절대 용서하지 못할 것 같아요. 전 이 상황이 못 견디게 싫어요. 제발 저희를 이제 놓아 주세요.

아들 며느리를 떠나보내기 힘든 시어머니가

💬 ___ 며느리에게

애야. 네 마음이 정말 그런지 내가 미처 몰랐구나. 그렇지만, 사실은 나도 할 말이 많단다. 듣기 싫어도 좀 들어 줬으면 한다. 홀어머니에 외아들인 우리 처지를 잘 알면서 결혼해 준 너에게 내가 얼마나 고마워했는지 좀 알아줬으면 좋겠다. 일찍 아버지를 여의고 홀로 어머니를 모시는 아들이 결혼하기 힘들겠다고 주변에서 하도 말들을 많이 해서 결혼식장에서까지 얼마나 마음을 졸였는지 넌 모를 거다. 그래도 너희 부부에게 이제껏 열심히 일해 모아둔 재산을 줄 생각을 하면서, 사랑하는 아들 부부가 잘만 살면 이 세상 모든 것을 다 준다 해도 아깝지 않다고 믿었단다.

또 아들이 혼자 있는 어머니가 안쓰러운 마음에, 아직 월급이 많지 않다는 핑계를 대며 다만 몇 년이라도 같이 살겠다고 말해 주었을 때 얼마나 고마웠는지 모른다. 이제 너희가 아이들도 생기고 하면, 분가를 시키고, 손주들도 가끔 드나들고 하면, 나도 조금씩 혼자 사는 걸 적응할 수 있겠지. 또 지금까지 남편 대신 아들과 모든 것을 의논하면서 힘든 인생을 헤쳐 나갔기 때문에, 너희 없이도 잘 살 수 있을지 솔직히 아직은 자신이 없다. 내게도 조금 시간을 주면, 언젠가 혼자 모든 일을 해 나갈 수 있지 않겠니.

아직은 모든 것이 여의치가 않구나. 남자 없는 여자가 얼마나 세상에서 무시당하면서 사는지 너는 아마 상상도 못할 것이다. 처음 너희 시아버지가 마흔도 안 된 나이에 갑작스럽게 세상을 떠나고 네 남편과 단둘이 남았을 때, 우릴 도와주는 사람은 아무도 없었다. 주변에 참 안 됐다며 그렇게 쉽게 말하는 사람들은 있었지. 그러나 친정도 시댁도 막상 우리가 뭔가를 조금 도와달라고 하면, 분수에 맞게 살아야지 하면서 설교나 하더구나. 네 남편이 고등학생 때 학원을 보내달라고 했지만, 학원비가 없었거든. 그때 너희 시고모네 집에 찾아가서 겪은 모멸감은 아직도 잊을 수가 없단다. 아들을 공부 시키는 게 내 허영이라고 하더구나. 남에게 손 벌려 대학 보낼 생각하지 말고, 빨리 직장이라도 다니게 해 독립시키라고 말이지. 말이야 하기 쉽지. 그 사람들이 내가 잠자는 시간 몇 시간 빼고 슈퍼 일이고, 남의 집 일이고 가리지 않고 일하는 걸 알았을까. 만약 알면서 그렇게 이야기하면 정말 나쁜 사람들이겠지. 어쩌면 내가 자존심 때문에 그런 말을 하지 않았던 게 잘못일 수도 있지. 그렇지만 만약 그런 말을 했다면, 우리 모자를 더 무시할 것 같아서 차마 말할 수가 없었단다. 네 남편이 워낙 착해서 고등학교를 다닐 때부터 주유소다 편의점이다 일하면서 생활비를 보태줬기 때문에 그나마 우리가 버틸 수 있었겠지. 그리고 마침내 네 남편이 원하는 대학에 들어갔고, 그후 우리 모자는 정말 열심히 살았단다.

우리 모자가 주말과 새벽에 예배 가는 것에 대해 변명 아닌 변명을 좀 해야겠다. 네 시아버지가 돌아가셨을 때, 또 네 남편이 대학시험을 보기 전, 우리 모자는 정말 열심히 기도했었다. 만약 우리 모자에게 신앙이 없었다면, 정말 그 고비 고비를 넘길 수가 없었을 것이다. 일주일에 한 번씩 우리 모자가 새벽에 예배를 드리는 것은 그때 우리가 기도하면서 하느님에게 약속을 했기 때문이다. 우리 소원을 들어 주신다면 정말 성실하게 신앙생활을 하겠다고 말이다. 그리고 교회에 갈 때마다 너희 시아버지 생각이 난단다. 그분도 신앙이 깊으셨고, 그렇게 갑작스럽게 돌아가시지만 않았더라면, 지금도 내 손 붙잡고 교회에 다니셨을 분이다. 평소에는 잊어버리고 있다가도, 아들하고 교회만 가면, 그분의 빈자리가 느껴진단다. 엄마 마음을 헤아리는 아들이 한두 시간씩 드라이브 시켜 주는 것이 그렇게까지 너희에게 방해가 되었니? 어쩌면 내 슬픔만 깊게 생각했지, 이제 막 인생을 시작해서 남편과 재미있게 살고 싶어 하는 네 마음까지 헤아리진 못한 이 시에미가 참 많이 모자랐던 것 같구나.

그렇지만, 그렇다고 이 시에미를 볼 때마다 마치 못 볼 사람 본 것처럼 화내고 있는 네 얼굴이 사실은 참 불편하구나. 그동안 그렇게 남편하고 내가 다니는 게 불만이었으면, 왜 진작 얘기를 해 주지 않았는지 안타깝다. 나는 네가 직장 다니랴 살림하랴 힘들어 하니, 남편과 내가 나가면 너도 맘 편히 잠도 자고 쉴 수 있어 좋으리라 생각했었다.

그런데 내가 교회 가는 그 시간 빼고 사실, 너희 부부와 함께 시간을 보내는 게 도대체 언제니. 아침도 너희가 항상 나보다 늦게 일어나니, 나 혼자 밥을 먹잖니. 저녁 때 역시 너희들은 저녁을 먹고 들어오니, 나 혼자 쓸쓸히 밥 먹기 싫어서 요즘엔 거의 저녁을 대충 때우고 있단다. 이 시에미는 너네 없을 때 싹 청소도 해 놓고, 너네들이 벗어놓은 옷가지까지 빨래를 해 놓고 있다. 물론 네가 일요일에 한꺼번에 모아서 하겠다는 소리를 못 들은 건 아니다. 그렇지만 일요일에 항상 해가 나는 것도 아니고, 또 빨래가 베란다에 꿉꿉하게 쌓여 있으면 좁은 집 안에 냄새가 나는 것도 같아서 적어도 이틀 사흘에 한 번은 빨래를 하려 한다. 넌 학교 다니고 직장만 다녔던 터라 아직 살림을 모르겠지만, 집 안 곳곳에 할 일이 얼마나 많은 줄 아니. 창틀, 침대 머리맡, 텔레비전, 마루의 차 테이블, 며칠만 닦지 않으면 금방 먼지가 쌓인단다. 이불이나 베갯잇은 또 어떠니. 아무리 오래 덮어도 한 달씩 그렇게 이불을 쓸 수는 없지 않겠니.

남들은 이제 며느리가 시집을 왔으니, 며느리가 해 주는 밥 먹으면서 편하게 살면 되지 않느냐고 말하지만, 사실 네가 차려 주는 밥상을 언제 받았는지, 기억도 잘 나지 않는구나. 아직 젊어서 당연히 요리를 못 할 테니까, 그런 것 따위는 기대도 하지 않았지만,

"어머니, 식사하세요"라는 소리를 한 번쯤은 듣고 싶구나. 꼭 너를 부려먹기 위해서가 아니라, 밥이란 서로 정이 오간다는 징표 같은 것이 아니니.

그동안 일하느라 생긴 무릎 관절염 때문에 혼자 병원에 다니면서, 사실은 가끔 서운할 때도 있단다. 남편 없이 아들을 공부시키느라 생긴 병이라고 꼭 말하고 싶진 않다. 그냥 퇴행성관절염은 늙으면 생길 수 있다는 것쯤은 나도 안단다. 그렇지만 아직까지도 집안 살림에 조금이라도 보태려고 아픈 무릎을 끌고 일을 다니느라 병원 갈 일도 잦은 내 자신이 많이 서글퍼지는구나. 그동안 아들이 작은 차지만 어머니를 싣고 다만 한두 시간이라도 드라이브를 다니는 게 즐거움이었는데, 네 남편이 그 때문에 허리가 아프다는 생각은 하지도 못했구나.

그래도 그렇지. 내가 너희 부부 사이를 갈라놓으려고 일부러 남편을 데리고 다닌다고 말하는 건 정말 견디기 힘들구나. 너희들이 헤어지면, 내가 제일 먼저 가슴 아픈 일이고, 제일 창피한 일인데, 왜 그렇게 생각하는지 알 수가 없다. 텔레비전이나 인터넷이나 또 친구들이 시댁과는 무조건 멀리 살아야 한다, 또 시어머니들은 아들 며느리를 질투하는 사람이다, 라고 무조건 이상한 사람 취급을 해서 네가 혹시 오해를 하고 있는 건 아니니?

이 시에미도, 아직은 얼마든지 혼자 살 수가 있다. 교회 사람들도

있고, 또 슈퍼 아줌마들이나, 내가 일하러 가는 집 사람들도 내게
참 잘해 준단다. 나도 그 사람들이랑 있을 때가 너나 아들과 같이
있을 때보다 훨씬 더 편하다. 잘 웃지도 않고, 내게 통 말도 걸어주
지 않는 며느리보다는 차라리 남들과 같이 있을 때 훨씬 유쾌하니,
이제 곧 너희를 완전히 분가시킬 예정이다. 나도 따로 돈을 모으고
있고, 너희들도 아마 저축을 하고 있는 것 같으니, 예정보다 좀 빨
리 독립시킨다 생각하겠다.

　그러니 이젠 마치 원수진 것처럼 차갑게 나를 대하지 말고 마음
을 풀었으면 좋겠다. 그래야 너희들이 분가해 나갈 때 훨씬 마음 편
하게 서로를 보낼 수가 있지 않겠니. 혼자 살게 되는 나를 너무 짐
스러워 하지 않으면 좋겠다. 내 인생은 내가 잘 알아서 하겠으니 말
이다.

결혼은 곧 남자와 여자가 만나서 새로운 가정을 이루는 것이라 생각하는 태도가 서양식, 혹은 현대적인 것이라면, 결혼은 남자 집안에 새 며느리가 들어와 가문을 보전하도록 자식을 낳기 위한 것이라 생각하는 것이 과거의 동양식 사고방식이다. 우리 사회가 워낙 빨리 바뀌다 보니, 한집에서도 이렇게 서양식과 동양식, 중세적 사고방식과 현대적 사고방식을 가진 사람들이 함께 살다 보니 이런저런 갈등이 생기기 마련인 것이다.

일찍 혼자 된 시어머니는 서양식으로 생각하자면, 벌써 재혼을 해야 한다. 만약 아들이 계부 아버지를 거부한다면, 고등학교만 졸업하고 혼자 집을 나가 독립하는 것이 서양식이다. 다른 남자와 데이트하고 인생을 즐길 시간에 오로지 아들을 위해 온갖 험한 일은 다 하면서도 꿋꿋하게 견디었다고 말하는 여성들은 서양에서 그리 좋은 시선을 받지 못한다. 독립적이지 못하고 아들에게 집착하는 근친상간적 관계라고 의심을 받기도 한다. 하지만 동양식으로 보자면, 희생적인 어머니는 여전히 추앙을 받고 며느리로부터 보상을 받는 것도 당연하다고 본다. 남편이 효도 좀 하자는데 그걸 속 좁게 샘 부리고 이기적으로 남편을 독점하려 하면서 시어머니에게 밥 한 끼 제대로 차려 주지 않는 며느리는 나쁜 며느리란 공격을 받기도 한다.

아들이자 남편인 남자도 마찬가지로 두 가지 상반된 평가를 받을 것이다. 서양식으로는 일찌감치 독립하지 못하고 어머니와 에디푸스적 관계를 끈끈하게 이어 가고 있는 못난 남편이지만, 동양식으로 보자면 고생한 어머니에게 효도는 못할망정 부인에게 끌려다니는 불효자일 수 있다.

이렇게 다른 가치관을 들이대면서 서로를 비난하자면 사실 끝이 없다. 사람마다 갖고 있는 판단 기준은 얼마든지 자의적으로 해석될 수 있기 때문에, 문화의 잣대를 들이대는 것 역시 그렇게 동양과 서양을 이분법적으로 나눌 수 없는 부분이 있다. 복잡하고 급변하는 우리 사회에서 누구나 공감하는 선악, 옳고 그름, 정당함과 부당함 등에 대한 기준을 정하는 것도 쉽지가 않다. 그러니 한 집안에서 전혀 다른 시대와 공간 배경과 가치 기준을 갖고 있는 사람들이 모여 살 때 불협화음을 일으키는 것이 당연한 일인 것이다.

그렇다면 어떻게 해야 할까? 길은 몇 가지가 있다. 우선은 내가 상대방에게 무엇을 받으며 지금까지 관계를 이어 왔는지 먼저 생각해 보는 것이다. 예컨대 앞서 시어머니에 대해 정말 힘들다고 못살겠다고 말하는 며느리도 따지고 보면 시어머니에게 많은 도움을 받고 있는지 모르는 일이다. 공짜로 집을 쓰고 있고 게다가 음식과 청소, 빨래까지 도움을 받고 있다면 한 달에 적어도 수백만 원의 이익을 보고 있을 가능성도 있다. 만약 그 정도의 돈을 주는 사장님을 옆에서 모시고 있다면, 아마 시어머니한테보다 훨씬 더 싹싹하고 친절하게 그 사람을 섬기지 않을까. 시어머니 역시 마찬가지다. 아들, 며느리가 그나마 있으니 외롭지도 않고, 또 만약 본인이 아프다고 하면 병원에 데려갈 것이고 하다못해 보호자 노릇을 하지 않겠는가. 또 어찌 되었건 아들, 며느리와 함께 살고 있으니까 주변에서는 효도하는 자식 두었다고 속도 모르고 부러워하는 사람들도 분명 있을 수 있다. 나랑 피 한 방울 섞이지 않은 어떤 사람이 그 정도로나마 자신의 허무하고 텅빈 마음의 공간을 채워 주고 있다면, 사실은 고마워해야 할 일이 아닐까. 그나마 자식과 살고 있다면, 어딜 가서 독거 노인 소리 듣지 않고 무시 당하지 않는 부분도 있다.

그리고 다음 단계는 내가 원래 주어야 할 것인데 주지 않은 것들을 먼저 따져 보는 작업이다. 며느리는 옛날 같으면 시어머니 밥상도 차려 드려야 할 것이고 시어머니 속곳 빨래까지 다 했을 터인데, 요즘에는 그런 며느리가 거의 없다. 과거에는 밖에서 일을 아무리 열심히 하고 들어왔어도 힘들다고 쉬기는커녕, 집안일 때문에 절절 매야 했을 터이지만, 지금은 시댁에 살아도 그렇게 바깥일과 집안일을 동시에 해내는 며느리는 거의 전무하다시피 하다. 시어머니 역시 돈이 많다면 애초에 아들, 며느리 분가를 시켜 줬을 것이고, 남편이 있었다면 아들을 독점해 이리저리 끌고 다니기보다는 아들 부부끼리 즐길 수 있도록 배려해 줬을 텐데, 그렇지 못하다면 좀 더 독립적으로 살 궁리를 해야 한다.

아들과 며느리, 딸과 사위에 대한 서운함, 또 반대로 시부모나 장인, 장모에 대한 분노의 밑바닥에는 사실 어떤 관계에서건 철저하게 독립하지 못하고 휘둘리게 되는 자기 자신에 대한 분노와 답답함이 깔려 있다. 만약 정 싫으면 그 모든 관계를 다 끊을 수 있는데 그러지 못하는 자신의 엉성하고 의존적인 태도 혹은 자신에게는 책임이 없다고 생각하고 싶어 하는 어린아이 같은 마음을 먼저 보아야 할 것이다.

둘러보면 사람들은 모두 자신들이 피해자라고 생각하는 경향이 있다. 특히 시어머니와 며느리 관계는 더 하다. 그러나 한 걸음 뒤로 물러나 상대방 입장을 고려하고, 자신의 부족한 점부터 먼저 챙기면 상대방이나 자신에게 훨씬 더 관대해질 수 있다. 오직 강한 사람만이 상대방에게 관대할 수 있다. 상대방에게 깐깐한 지적질을 일삼는 사람, 상대방을 비뚤어지고 폭력적인 태도로 제압하려는 사람들의 내면에는 만약 그렇게 하지 않으면 무시당하거나 패배당하거나 거부당할 것이라는 두려움이 있다. 독재자들이나 권력자들의 패악과 악행들은 실제로 자신들을 둘러싸고 있는 이들을 믿지 못하고, 언젠가는 끔찍한 최후를 맞이할지도 모른다는 두려움에서 기인한다. 가족 안에서도 마찬가지이다. 자기보다 힘없는 사람들에게 폭력을 휘두르고 잔인하게 대하는 구성원들의 내면을 보면 상처투성이에다가 심한 의존성이 완고하게 들어가 있는 경우가 대부분이다.

그럼에도 그런 가족을 태어나면서부터 만나게 된 것도, 또 그런 결혼을 한 것도 결국 해결은 자기 자신이 해야 한다. 시어머니건, 며느리건, 남편이자 아들이건, 자신의 선택에 따르는 책임과 의무를 각자가 먼저 다지고 챙긴다면 상대방에게 가족 구성원으로서 무엇무엇을 하라고 할 여유가 사실은 없다.

다만 배우자의 원가족에 대해 지나칠 정도로 경계하고 혐오하는 이들이 늘어나는 것은 경계해야 할 일이다. 일종의 피해의식이다. 과거엔 그럴 만했다. 노인들이 힘이 셌으니까. 하지만 요즘 노인들은 힘이 없다. 돈이 아주 많아 자식들에게 그냥 퍼주는 노인들도 이제는 눈치를 본다. 젊은 사람들이 늙은 자신들을 돌볼 것이라는 기대를 하지 않으니까.

그래서 그런지 과거 자녀의 효도를 당연시했던 부모들과는 달리 요즘 부모들은 성인자녀들이 아주 조금만 잘해도 크게 감동하고 고마워한다. 아니 적어도 고마운 척이라도 한다. 어쩌면 효율 대비 엄청난 인맥관리가 될 수도 있다. SNS에서 모르는 사람들에게 투자하는 시간의 아주 일부만 투자해도 배우자와 그 가족들과의 유대관계에서 오는 이익은 엄청날 수 있다. 다만 투자해서 결과가 나오기까지 시간은 좀 많이 걸릴 수 있다. 다른 관계가 이해와 이익에 의해 결정되는 것에 반해, 배우자의 가족이 설령 미울지라도 배우자에 대한 사랑 때문에 용서하고 존중해주는 태도는 상당히 오랜 기간의 참을성이 필요할 것이다. 20년 또는 30년의 중장기 프로젝트가 성공하기가 매우 어려운 초고속 성장사회인 대한민국에서 가족에 대한 수십 년 이상의 투자가 낯설고 이상해 보이는 것도 어찌 보면 당연할지 모른다.

무엇보다 시어머니건 며느리건 아무리 힘들어도 혼자만 희생했다는 생각은 하지 말자. 대부분의 며느리들은 시어머니 때문에 자신이 기를 펴지 못한다고 생각하지만, 요즘 시어머니들은 며느리 눈치 보느라 마음 편하지 않고 불행하다고 하소연한다. 자신을 비극의 주인공으로 포장할 시간에 나와 상대방이 함께 존중받으며 사는 방법을 구체적으로 모색하는 것이 훨씬 더 현실적으로 도움이 된다.

결혼 전 관계를 이어갔을 때

떠나간 양반집 넓은 마당

_ 남상백[1]

한낮 겨운
기와지붕 위의 검은 해
강남의 흙 한 삽만 못한
거덜난 꽃자리

상사람 물고와선
눈비음한[2] 법도로 내세워
태질치던 그림자가 처마 끝에 묻혀 있다

오솔한 담장 귀살이엔

해수기침 낡은 여운이 감돌고

주름살 깊은 매화나무 가지의

늘대거미[3] 하나가

딱장대처럼[4] 책상다릴 괴고

제몸으로 켜낸 줄에서

옛날에 묶여 살고 있다

----

1 고 남상백 선생님은 필자에게 국어를 가르친 스승이다.
  남기신 시집 《초록빛 향기》에서 발췌.
2 눈비음한 : 남의 눈에 들도록 겉으로만 꾸미는 일
3 늘대거미 : 의리를 지키는 거미
4 딱장대 : 온화한 맛이 없이 성질이 무뚝뚝한 사람

아내가 친정 중심으로 사는 게 불만인 남편이

✉ _ _ _ 아 내 에 게

결혼 뒤 항상 당신 편하라고 거의 모든 생활을 처갓집 중심으로 하게 한 내 배려, 혹시 당신이 알고 있는가 몰라. 우리 어머니가 시집 살이 하느라고 너무 힘들어하시던 모습을 어려서부터 많이 봐서 내 아내만은 그런 힘든 상황을 겪지 않게 하겠다는 생각이었어. 그래서 당신 부모님과 형제들에게 잘하려고 했고, 여행이건 나들이건 다 그들과 함께해 왔지. 당신이 편하게 지내면 나도 좋으니까.

당신이 처형이나 장모님하고 친하고 항상 그분들 도움 받는 것은 나도 많이 고마워하고 있어. 하지만 내가 퇴근을 해도 처형이나 장모님과 전화하느라 사람도 제대로 쳐다보지 않을 때도 많고. 특히 아이가 생기고 나서부터는 육아 문제도 모두 처갓집하고만 다 처리하려고 하고. 나나 우리 어머님은 완전히 제쳐진 남인 것만 같아. 내가 이런저런 의견을 내거나 뭔가 도와주려고 할 때 짜증내면서 제대로 하지도 못할 것 그냥 가만히라도 있어줘, 하고 무안 준 일 혹시 기억나? 난 우리가 결혼을 했으면 일단 부부중심으로 뭐든 돌아가야 한다고 생각하지 지금처럼 처갓집 중심으로 사는 건 진짜 마음에 안 들고 정상이 아닌 것 같아.

그런데 당신이 나를 아주 당황하게 만드는 일들이 그동안 꽤 많았던 것 알까? 처형 있는 데서 내가 술을 너무 많이 마셔서 속옷에 실례를 했다고 흉보든가(사실 꼭 그런 건 아니었는데), 특히 아버님이 암에 걸리신 이후 어쩔 수 없이 어머님께서 준비해야 하는 독특한 식단을 무슨 우스갯거리나 되는 양 비웃듯 얘기했을 때, 또 내 친구들 중 괴짜들을 이야기하면서 이이가 원래 좀 이상하잖아요, 하면서 나까지 깎아내릴 때, 겉으로는 그냥 웃고 말았지만, 속으로는 정말 불쾌했었어. 그래도 그 자리에서 뭐라 이야기하면 속 좁은 남자가 될까 봐 가만히 있었지만, 남자의 마음에도 딱지가 앉는다는 걸 당신이 좀 알아줬으면 좋겠어.

당신이 스트레스를 말로 풀다보니, 부부간의 비밀을 처갓집이나 친구들에게 모두 말해버리게 되는 것 이해할 수는 있어. 한데, 문제가 있을 때마다 내가 옆에 있는데도 장모님이나 처형에게 한 시간씩 전화하면서 모든 사생활을 다 풀어내는 것을 보면, 과연 당신이 나랑 왜 사는지 의문이 들고 회의가 들 때가 많아.

남편이나 시댁에는
자신의 감정을 말할 수 없는 아내가

💬 ___ 남 편 에 게

당신이 그런 소외감을 느끼고 있었는지 몰랐네. 일단 미안하다고 하고. 하지만 나도 그동안 당신한테 이야기하다가 괜히 자존심만 상하고, 기분만 나빠진 적이 많았던 것 알아줬음 좋겠어. 특히 내가 이런저런 이야기하면 그냥 응응, 하면서 딴청 피우고. 또 엉뚱한 이야기나 해서 바빠 죽겠는 사람 더 힘들게 만들고. 그렇다고 육아나 가사일을 적극적으로 도와주는 것도 아니고. 시어머님은 오시면 이게 잘못되었다, 저게 잘못되었다 타박만 하시고······.

그런데 어떻게 도와 달라고 하고, 말을 섞겠어. 내가 뭐가 힘들다고 이야기한들 당신이나 어머님은 전혀 공감을 안 해 주고. 힘들겠다 하고 말도 건네주지 않는데. 내가 어떻게 마음을 열고 내 속을 털어 놓겠어. 당신도 내가 처갓집 식구들하고만 지낸다고 불평하지 말고 왜 내가 당신하고 당신집 식구들에게는 마음의 문을 닫고 있는지 한번 생각해 주면 좋겠어.

물론 당신에게 내 감정을 다 이야기하고 풀 수 있으면야 너무 좋지. 나도 처음엔 그러고 싶었어. 여보. 하지만 내가 무슨 얘기를 당신한테 하면 거의 당신은 그저 건성으로 대답하거나 아니면 그렇게 하면 안 되지 하는 식으로 나를 기죽게 한 적이 더 많잖아? 엄마나 언니는 내가 무슨 말을 하면, "어머. 너 정말 힘들었겠다. 어쩜 그 사람 그럴 수가 있니? 정말 기가 막히네" 하고 내 입장에서 모든 것을 공감해 주지만, 당신은 도대체 내 말을 듣는 건지 안 듣는 건지 알 수가 없잖아. 당신한테 이야기하다가 괜히 자존심만 상하고, 기분만 나빠진 적이 어디 한두 번인 줄 알아?

그리고 내가 친정 중심으로 사는 게 그렇게 당신을 불편하게 했는지 전혀 상상도 못했어. 난 우리 부모님이나 언니하고 당신이 잘 지내니까 서로 참 편하게 지내는지만 알았지. 워낙 당신이 잘나가는 사람이니까 좀 허술한 데도 이야기해 주면 우리 집 식구들이 당신에게 거리감을 느끼지 않고 더 빨리 친해질 거라 짐작했었던 것도 같아. 어쩌면 내가 좀 입이 가볍고 생각이 짧았는지 모르겠는데. 그래도 난 당신이 우리 집 식구들하고 잘 어울렸으면 좋겠어. 난 우리 가족, 그러니까 아버지, 엄마, 그리고 언니가 없는 생활은 상상할 수가 없거든. 당신하고만 지내면 솔직히 너무 무미건조하고 재미가 없어. 그리고 시댁식구들은 너무 어렵고 딱딱해서 힘들어. 결혼, 행복하자고 한 것 아닐까? 당신이 정말 날 사랑한다면 내가 편하고 재미있게 인생을 사는 걸 원해야 하는 것 아닐까?

당신은 나보고 친정식구들하고만 어울려 다닌다고 하지만, 나도 사실 당신 식구들한테 상처받은 게 많아. 아내야 언제든 헤어질 수 있지만, 부모나 형제는 그렇지 못하니까 피는 물보다 더 진하다는 말을 어머님은 툭하면 하시지 않았어? 특히 당신 집은 여러 가지 힘든 과정을 같이 겪고 헤쳐 왔으니까 더 단결이 잘 되는 것 같아. 그런 것 갖고 하나하나 내가 다 딴지 걸고 문제를 삼겠다는 게 아니야. 다만, 어떤 문제가 생기면 내가 당신 옆에 있는데도 항상 부모님이나 아주버님께 먼저 의논을 드리는 건 나보다 당신이 더 심하다고 생각해. 물론 부모님이나 형님이 나보다 더 능력이 있는 분들인 건 나도 알아. 어쩌면 우리 친정식구들보다 그분들을 당신이 더 신뢰할 수도 있고. 그분들은 가진 것도 많고 경험도 풍부하니 더 도움이 될 수 있겠지. 하지만 그래도 내가 아내잖아. 어떻게 나와는 대화 한마디 하지 않고 그동안 중요한 결정은 다 당신이랑 그분들이랑 했는지.

그럼 나는 뭔가, 정말 나는 결혼한 건가 하는 생각이 들어. 나랑 왜 살까, 밥 해주고 애 낳아 주고, 남들 앞에서 마누라라고 할 수 있으니까 사는 건가 싶어. 그런 생각이 들면 당신보다 친정 식구들에게 더 정이 가는 게 사실이야. 친정 식구들에겐 내가 매우 중요한 사람이지만, 당신에게는 그렇지 않은 것 같거든.

1_ 가족과 나 사이에 필요한 마음의 거리

불과 십수 년 전만 해도 시부모가 아들, 며느리의 인생에 깊숙이 들어와 간섭하는 것 때문에 부부관계가 깨졌다면 요즘에는 장인, 장모, 혹은 처의 친구나 형제들 때문에 부부관계가 불편해진다고 불평하는 남자들이 늘어났다. 이들에게 참고가 될 만한 이야기가 있다.

《수신기》란 옛 중국 책에는 아버지와 같이 사는 외동딸이 등장한다. 길 떠난 아버지 대신 외동딸은 심심한 나머지 숫말에게 아버지를 데려다 달라고 부탁한다. 만약 자신의 소원을 들어주면 결혼하겠다는 약속을 하며. 정말로 말은 아버지를 데려왔지만, 감히 딸에게 결혼하려는 말의 말을 들어줄 수 없는 아버지는 말을 죽여 가죽으로 만들어 널어놓는다. 딸은 가죽을 발로 차며 감히 말인 주제에 자신과 결혼하려 했다며 조롱했다. 그랬더니 말가죽이 벌떡 일어나 딸을 둘둘 말아 사라져 버렸다는 것이다. 엽기적인 공포 영화 같다고? 상징적으로 보면 충분히 이해가 가는 설정이다.

우선 어머니 없이 같이 산 아버지와 외동딸의 일렉트라 콤플렉스 섞인 관계를 보자. 딸은 여행 나간 아버지도 기다릴 수 없을 정도로 오로지 아버지에게만 집착한다. 세상의 딸들 중에는 이런 사람들도 있다. 내 아버지만 한 남자는 없을 것이라고 생각하고, 혹은 아버지에게 못 받은 사랑을 내 남자에게 받으려 하기도 한다. 그러나 성적 욕구 때문이든 주변의 기대 때문이든 결혼을 한 다음에는 남편을 조롱하고 무시하고 하대한다. 《수신기》의 말이 아버지의 횡포로 죽는 상황이다. 어떻게 남편이 수십 년 이상 더 살아 많은 것을 가지고 지혜로운 아버지와 비슷할 수 있겠는가. 그러다 결혼이 깨지는 커플들도 가끔 있다. 단언하건대, 아버지 같은 남편, 어머니 같은 아내를 구하는 사람들 중 십중팔구는 결국엔 여러 가지 방식으로 호되게 대가를 치르게 된다.

그렇다면 반대로 아들 며느리, 혹은 딸 사위의 인생에 깊숙이 들어와 끊임없이 간섭하려는 부모들의 심리는 무엇일까? 또 그런 부모 곁을 떠나지 못하고 휘둘리는 성인 자녀들의 심리는 무엇일까? 이들의 심리를 '선녀와 나무꾼'이란 옛날이야기로 풀어 보자. 선녀를 따라 하늘에 갔던 나무꾼이 홀로 사는 노모가 걱정되어 지상으로 내려오는 장면은 매우 의미심장하다. 다른 여러 신화에도 저승 혹은 천상세계를 방문하고 잠시 지상에 방문하는 주인공들이 노파의 음식을 먹다가 말에서 떨어지는 장면이 나온다.

심리학에 대한 책을 몇 권 읽었다면 이미 이런 상황이 무엇을 의미하는지 짐작하는 독자들이 있을 것이다. 부모로부터 완전히 독립하지 못한 아들과 딸의 의존심, 혹은 늙은 부모의 자녀에 대한 집착은 나무꾼과 선녀의 결합, 말과 딸의 결합을 방해한다. 이를 오디푸스 콤플렉스에서 벗어나지 못하는 어머니와 아들의 관계, 혹은 일렉트라 콤플렉스에 사로잡힌 아버지와 딸의 관계로 이해할 수도 있다.

심리적으로 주목할 만한 상황들을 하나하나 살펴보자. 선녀들은 아름다운 하늘에 살면서도 옥황상제의 규칙을 거역하고 땅으로 내려와 목욕을 한다. 거기다 하늘로 돌아갈 옷가지까지 아무렇게나 벗어둔다. 이는 자기의 짝을 찾기 위해서는 부모가 만들어 준 천국을 떠나고 또 그들이 만든 규칙도 깰 수 있다는 상징이 될 수 있다. 천국에서 모든 것을 누렸던 선녀가 가난한 나무꾼과 홀어머니가 사는 외딴 집에 반 강제로 머물러야 하는 상황은 적지 않은 여성들이 (혹은 남성들이) 결혼이란 상황에서 느끼는 갑갑함과 유사하다. 다만 아이를 많이 낳으면 아이들 때문에 감췄던 옷을 내놓아도 내 짝이 나를 떠나지 못할 것이라는 계산, 즉 아이가 많으면 문제가 많아도 그냥 산다는 계산은 요즘 잘 들어맞지 않는다. 오히려 뒤도 돌아보지 않고 하늘로 다시 올라가는 선녀의 모습이 최근 아이가 있음에도 호기롭게 다시 독신으로 살겠다고 결심하는 이들의 마음과 크게 다르지 않다.

이때 포기하지 않은 나무꾼은 하늘까지 선녀를 따라온다. 이혼한 후에도 처갓집을 찾아와 행패 부리는 남자들의 모습일 수도 있고, 이혼했지만 전 남편에 대한 아쉬움으로 다시 관계를 지속하는 여자들의 모습일 수도 있다. 결국 재결합한 후에도 나무꾼은 노모에 대한 아쉬움을 떨치지 못한다. 물론 여자는 남편을 천상으로 초대했지만, 노모까지 받아들일 수는 없다. 개천에서 난 용인 남자를 선택한 여자가 남자의 가족들과 잘 어울리기는 힘들다. 남자 하나만 딱 빼서 내 남편 노릇만 철저히 해 주면 좋겠는데, 남자의 입장은 그게 아니다. 여자 곁에 있어도, 어려운 부모 형제를 잊을 수는 없다. 어머니를 찾아와서 어머니가 준 죽을 먹고 천마에서 떨어지는 상황은 남자가 원 가정을 떠나지 못했을 때 잃어버리는 성적 에너지의 한 상징이다. 원 가족에 대한 애착은 배우자에 대한 사랑을 종종 방해한다.

요약해 보면, 나무꾼이나 선녀는 자신들의 부모에게서 철저하게 독립하지 못한 채, 사랑을 챙기지 못하는 사람들의 상황이다. 선녀의 아버지인 옥황상제나, 나무꾼의 어머니 역시 모두 딸과 아들의 독립적인 사랑을 방해한 훼방꾼이다. 남녀 간 사랑의 완성의 시작은 부모로부터의 정신적·물질적 독립이다. 연애를 하면서도 부모의 그늘에서 아직 벗어나지 못하고 끊임없이 무언가 부모에게 요구하거나 그 곁을 떠나지 못하고 있다면, 아직 성숙한 사랑을 할 수 있는 준비가 되어 있지 않다는 증거일 수 있다.

그러나 반대로 상대방에게 끊임없이 선택을 지나치게 강요하는 것도 관계를 망칠 수 있다. 남자들은 여자에게 "일이야 가정이야?" 혹은 "나야 애들이야?"라고 다그치고 여자들은 "당신 부모야 나야?"라고 말한다. 이런 태도 역시 상대방을 괴롭히는 고문일 수 있다. 그런 말을 하는 의도는 상대방이 자신에게 진심으로 최선을 다하지 않아 서운하다는 얘기이지, 상대방에게 패륜아가 되라고 강요하는 것은 아닐 것이다. 그럴 때는 "당신이 가정에는 소홀하고 너무 당신 부모 형제에만 집착하는 것 같아 외롭고 쓸쓸하다"고 말하는 게 낫다. "당신이 부모 생각만 하고 나는 사랑하지 않는 것 같아 슬퍼"라고 정확하게 말해 주어야 위로를 받는 것이지 상대방의 부모를 깎아내리는 것이 정답은 아니다. 질문을 받는 상대방도 질문 같지 않은 질문에 일일이 대답해서 낚시에 걸리지 말고, 그 속마음을 읽고 "아, 당신이 서운했구나. 미안해. 마음 풀어"라고 위로해 줘야 한다.

어떤 사랑도 경제적이고 정서적인 독립이 되어 있지 않으면 단단하게 여물 수 없다. 시댁이나 처갓집에서 모든 보조를 받고 사는 삶은 결국 구차스럽고 허랑하게 될 가능성이 아주 높다. 원 가족에게 도움을 받는 이들은 결혼을 하고도 부모로부터 독립하지 못하고 있는 것이고, 이런 이들은 당연히 파경을 겪을 가능성도 많다.

장모와 사위의 서로 다른 시선

수레바퀴; 절벽을 향하여

_ 프리모 레비

......

언제까지 이 몸,
내가 부리고 살아야 하나.
나의 몸이 언제 내 것이었나.

살고 사랑한다는 것은
무한한 피안을 생각하며
세상을 이해하고 용서한다는 뜻.

그러나
이미 너무 멀리 와
이젠 절벽에서 떨어져.
기억의 뒤안길로
몸을 숨기는
침묵의 시간.

딸의 고독을 참을 수 없는 장모가

✉ _ _ _ 사 위 에 게

이렇게 말을 건네는 게 우선 좀 면구스럽긴 하네만, 일단 할 말은 해야 할 것 같아서 말을 꺼내네.

사실 자네가 내 딸과 결혼한다고 할 때 여러 가지로 마음에 들지 않긴 했네만, 자네가 워낙 성실하고 진실해 보여서 허락을 했다네. 알다시피 우리 모녀는 아버지 없이 단둘이서 그 힘든 시간을 보내며 지금에 이르지 않았나. 결혼한 지 몇 년 지나지 않아 갑작스러운 사고로 애 아빠가 하늘로 가고 나는 오로지 딸 하나만을 바라보고 이제껏 살아온 것, 자네도 잘 알고 있을 거네. 물론 자네에게 자꾸 내 힘든 세월들을 들이대면서 공치사하자는 것은 아니지만, 그동안 나와 내 딸이 살았던 상황이 그랬다는 것을 자네가 자꾸 잊어버리는 것 같아 이야기하는 것이네. 자네 가족은 형제도 많고 사부인과 사장 어르신께서 건강하신 채로 오랫동안 행복하게 사셨으니까 우리 모녀가 얼마나 힘들고 외로웠는지 짐작도 하지 못할 것이네. 그래서 더욱 내 딸이 외롭게 지내는 것을 보기가 힘들다네.

늙은 나야 이제 종교생활도 하고 취미생활도 하면서 이런저런 일로 소일하면서 얼마든지 살 수 있지만, 젊은 내 딸이 자네가 바쁜

1_ 가족과 나 사이에 필요한 마음의 거리

바람에 청상도 아니면서 청상처럼 사는 것을 옆에서 지켜보는 것이 너무 힘들어 이렇게 말을 건네는 것이네.

물론 자네가 열심히 일해서 성공해 보겠다는 야심을 가진 것도 알고, 또 자네 부모 형제한테 모두 최선을 다하는 좋은 아들이고 형이라는 점은 알겠네. 하지만 그 무엇보다 아내가 자네 인생에서 최우선이 되어야 하지 않겠는가.

일단 오래 이야기를 하면 장모의 쓸데없는 간섭이 될 것 같아서 이쯤에서 그만하겠지마는 요즘 거의 혼자 지내는 딸내미를 보면 때론 정말 화가 치밀어 올라 견딜 수가 없다네.

아내의 인생에 그만 개입하시길 바라는 사위가
💬 ___ 장모님 께

우선 장모님께 제가 이런 식으로라도 이야기할 수 있다니 좀 다행입니다. 그동안 집에 오면 장모님이 아내 옆에 항상 붙어 계시고 모든 대화가 모녀간에만 이루어져서 저는 꿔다 놓은 보릿자루처럼 두 사람 이야기하는 것만 보곤 했으니까요. 저도 처음엔 장모님과 좀 친

해 보려고도 했었어요. 그리고 아내가 외동딸로 자라서 자기가 결혼하면 어머니가 외로우실 거라고 걱정하는 것도 이해하고 시작한 결혼이었구요.

한데 저도 자꾸 시간이 가니까 지치더군요. 결혼은 했지만, 우리 집의 모든 일은 장모님 중심으로 돌아가는 것 같고, 자기 주장은 없이 어머님 비위만 맞추려 드는 아내가 바보 같아 보인 적도 많았습니다. 또 어쩌다 본가를 가면, 아내는 눈에 띄게 얼굴이 어두워지더군요. 혼자 어두컴컴하게 불도 켜 놓지 않고 우리 부부를 기다리는 장모님 생각을 하는 모양이더라구요. 어머님은 돈을 아끼느라고 그런다고 말씀하시지만, 솔직히 저희가 외출하고 돌아왔을 때 한 번이라도 장모님이 밝은 얼굴로 우릴 반겨 준 적이 없었지요. 어떤 때는 컴컴한 거실에서 장모님이 죽은 듯이 앉아 있는 모습을 보면서 섬뜩한 적도 많았습니다.

그러니 저와 아내는 자꾸 본가와 멀어지게 되고, 그러다 보니 저도 장모님과 같이 있는 시간이 지루하고 힘들어지게 되더군요. 그런데 제가 집에 들어가고 싶겠어요? 집이 편하지 않고, 마치 장모님 집에 더부살이 하는 군식구 같다는 느낌도 많이 들더라구요.

장모님이 말씀하신 대로 이제는 좀 혼자서 취미생활도 하시고, 친구들도 만나시고, 또 가능하면 남자 친구도 사귀고 하셨으면 좋겠어요. 저는 때로 아내와 결혼을 했는지, 장모님과 결혼을 했는지 헷갈릴 때도 있어요. 장모님 말대로 아내를 외롭지 않게 하고 싶어요, 저도. 그런데 장모님과 항상 꼭 붙어서 지내는 아내를 보면 저는 사실 몇 배 더 외로워져요. 그런 외로움이 싫어 제가 밖으로 도는 것이니, 제발 아내를 이젠 좀 내버려 두시면 안 될까요?

1_ 가족과 나 사이에 필요한 마음의 거리

결혼 전 자신의 부모와 지나치게 밀착되어 살아온 경우, 결혼을 하고도 쉽게 부부 중심 관계로 이행하기 힘든 이들이 적지 않다. 특히 편부모일 때는 외로운 부모를 내버려 두고 자기만 행복한 것 같아 더욱 부부생활에 집중하지 못하게 되기도 한다.

때론 '효도'란 이름으로 자녀들의 행복을 방해하는 부모들이 없지 않다. 배우자 없는 외로움을 그동안 메꾸어 주었던 자녀가 자신의 짝을 찾아가는 순간, 커다란 상실감과 배신감을 느끼는 노인들도 적지 않다. 이들에게는 자녀의 배우자가 약탈자, 경쟁자 등으로 비칠 수도 있다. 이들 중에는 심지어 딸 부부, 혹은 아들 부부가 따로 여행을 가는 것까지 짜증을 내고, "너희들끼리 가서 재미있었냐"고 닦달하면서 어머니를 두고 자기들끼리만 다니는 것이 죄라고 생각하는 어머니들도 있다.

전통적인 효도의 관념으로 보자면, 이런 부모들을 끝까지 포기하지 말고 부부가 가는 곳이면 어디든 모시고 다니는 것이 좋아 보일 수 있다. 하지만 이런 부부들은 서로에 대한 유대와 애착관계가 약하기 때문에 외도나 이혼 등으로 치닫는 경우도 적지 않다.

일단 자녀가 결혼을 했다면 그들을 성인으로 인정하고 그들만의 인생을 살 수 있도록 해 주는 것이 21세기의 성숙한 부모 역할일 것이다. 다만, 모든 부모가 다 시대에 맞게 성숙하지 못하다면 점진적으로든, 혹은 충격요법을 쓰든, 부부가 협동해서 독립적인 생활을 꾸려 나갈 수 있도록 노력해야 한다. 만약 결혼을 해서도 여전히 누구의 딸, 혹은 누구의 아들 노릇이 몇 배 더 중요하다면 그 사람은 아직 결혼을 하려는 준비가 되어 있지 않은 상태일 수도 있다.

재미있는 것은 자녀들의 결혼에 간섭하고 자신들이 원하는 배우자와 결혼하도록 강요하고, 결혼 비용까지 모두 다 대 주겠다는 부모들의 마음에는 자녀들을 독립시키지 못하는 의존심이 숨어 있다는 점이다. 좋은 부모는 죽는 그날까지 자녀가 부모와 과거보다는 조금 더 거리를 두겠다고 요구했을 때 즐거이 그런 정 떼기에 동참해야 한다. 결국 부모인 자신들이 이 세상에 없어도 자식들이 독립적으로 잘 살 수 있게 하는 것이 부모의 의무가 아닌가.

가족이 오래 화목하게 잘 지탱되기 위해선 가끔은 각 구성원들이 혼자 있게 내버려 두는 것도 필요하다. 특히 내가 혼자 있지 못한다고 해서 자녀들까지 나 없이 혼자 살 수 있다는 것을 받아들이지 못하는 것은 칭얼대며 보채는 아이와 다르지 않다. 어른이면서도 혼자서는 아무것도 하지 못하는 의존적인 성격이라면, 자신의 성격부터 고칠 필요가 있다. 만약 자신이 껌처럼 상대방에게 붙어 있고자 한다면 결국엔 씹다 버린 껌 취급을 당할 위험성도 있다는 것을 알아야 한다.

　다만, 성인 자녀들도 부모가 비록 다 자란 자녀를 결혼까지 시킨 나이 든 어른이지만, 그 내면에는 여전히 아이가 있다는 사실을 인지해야 한다. 이 세상 어떤 부모든 완벽하게 어른답고, 완벽하게 자녀로부터 독립되어, 죽는 그날까지 혼자 모든 것을 다 처리하는 성숙한 부모는 없다. 자녀들도 어느 정도까지는 부모들이 노년으로 들어서면서 겪어야 하는 불안감, 고독, 자신 없음 등에 대해 관심을 기울여 주고 노인이지만 독립할 수 있는 이행기를 가질 수 있도록 배려해 주는 것도 필요하다. 버려짐, 고립에 대한 두려움은 늙은 부모뿐 아니라 곧 닥칠 나의 미래이기도 하기 때문이다.

2 아직 그대는
환상 속에 있다

질투의 감정은 어디에서

동생을 위한 弔詩
외국에서 변을 당한 壎에게

– 마종기

1. 入棺式

어릴 때는 고등학교까지 같은 이불을 덮고
대학에 가서는 작은 아랫방을 나누어 쓰고
장가든 다음에는 외국에까지 나를 따라와
여기 같은 동네 바로 뒷길에 살던
내 동생 졸지에 억울하게 죽었습니다. 하느님.

동생이고 친구고 내 의지처였습니다.
싸움 한번도, 목소리 한번도 높이지 않은
들풀처럼 싱글거리며 착하게 살던 내 단짝,
하느님, 당신밖에 하소연할 곳이 없습니다.

눈물이 자꾸 납니다.
관을 덮고 나면 내일 하늘이 열리고
내일 지나면 이 땅에서 지워질 이름,
당신을 원망하지 않겠다고 약속합니다.
귀염둥이 내 자식이라고 받아주세요.

엄마와 언니 사이에서 소외감을 느껴온 동생이

✉ ___언니에게

어쩌면 정말 치사하게 들릴까 봐 입이 떨어지지 않지만, 그래도 언제가는 언니에게 꼭 한 번 하고 싶고, 또 해야 할 말이 있어.

뭐든 뚝 부러지게 잘하고 최선을 다해서 많은 것을 이룬 언니를 보면 항상 존경스럽고 자랑스러워. 어려서부터 누구 동생이구나 하면서 날 쳐다보는 시선들이 한편으로는 날 우쭐하게 할 때도 있었어. 그런데 갈수록 그런 말을 듣는 것이 지겹고 싫어졌다는 것을 언니는 알까.

공부, 그림, 음악, 모든 것을 다 잘하는 언니에 비해 나는 항상 뭔가 2퍼센트 부족한 아이였어. 성적도 그냥 중간, 그림이건 음악이건 두각을 나타낼 때도 없었고. 다만 언니보다 친구가 많고 명랑하고 또 살짝 언니보다 멋내기나 잘하는 정도라서 난 항상 뭔가 부모님한테 뒷전이었잖아.

언니는 그래서 외국으로 어학 연수도 갔고, 엄마가 좋아하는 의사 사위도 보게 해 줬고. 난 그에 비해 전문직도 아니고 남편도 그냥 평범한 회사원일 뿐이고.

사실 언니네 부부랑 부모님이랑 같이 밥을 먹으면 항상 체하는 것 알아? 어떤 때는 이제 언니네 부부하고는 자주 보지 않고 살면 좋겠다 생각할 때도 있어. 특히 아직도 엄마가 언니네와 우리를 비교하고 노골적으로 우릴 무시할 때는 더 그렇지. 언니가 만약 조금이라도 내 기분을 이해한다면 지금처럼 그렇게 배려 없이 언니네 식구들 자랑은 하지 않아줬음 좋겠어.

엄마 때문에 질식할 것 같은 언니가
💬 ___동생에게

난 오히려 내가 훨씬 더 엄마 때문에 인생이 어그러졌다고 생각했는데, 네가 그렇게 생각하고 있는 게 더 이상하다. 사실 너도 알다시피 엄마가 얼마나 내 성적, 내 학교, 내 연애, 심지어는 내 결혼까지 다 관여를 했니. 나는 지금까지 살면서 정말 내가 하고 싶은 대로 하면서 살았던 순간이 언제였는지도 잘 모르겠어.

나도 너처럼 음악도 하고 미술도 하고 싶었지만 엄마가 정해주는 대로 약대를 갔고, 정말 아무 재미도 의미도 없는 공부를 하고 졸업하느라고 얼마나 내가 힘들었는지 아니. 그래서 약사 자격증을 땄어도 어디 가서 열심히 일한 적도 없잖아. 난 약국에서 하루 종일 아픈 사람들 상대하면서 지루하게 제 자리 지키고 있는 나 자신이 정말 싫어. 넌 약사 자격증만 있으면 노후는 보장되니 좋겠다고 빈정대지만, 나는 하루를 살아도 너처럼 자신이 좋아하는 일을 할 수 있으면 좋겠어. 왜 엄마는 내 인생에는 그렇게 지긋지긋하게 개입을 했으면서 너한테는 그렇게 관대하게 대해 주어서 하고 싶은 대로 하게 놔두었을까. 나는 정말 네가 항상 부러웠거든.

너는 지금 내가 의사 남편이랑 결혼해서 행복하다고 생각하는지 모르지만, 나는 사실 내가 정말로 사랑하는 사람과 엄마 때문에 강제로 헤어져야 했던 기억에서 아직도 못 벗어나고 있어. 그렇다고 의사가 뭐 대단한 지위도 아니고, 부족한 것 없이 돈 갖다 주는 것도 아니잖아. 다만 엄마야 어디 가서 우리 사위는 어느 병원에서 일하는 의사 누구라고 자랑하고 다니는 것이 좋으시겠지.

그렇다고 내가 우리 식구들 앞에서 노골적으로 형부에 대해 좋지 않은 감정을 드러내면 좋겠니. 그냥 내 나름대로 최선을 다해서 내 삶에 만족하면서 살려고 하는 것뿐이야. 그러니 제발 이 언니에게 늘 그렇게 날카롭게 대해 주지 않았으면 좋겠어.

불행한 생활을 하게 되는 흔한 이유 중 하나는 남과의 비교이다. 특히 가족들끼리 그런 경쟁관계가 되면 더욱 힘들어진다. 도망갈 곳이 없으니까 말이다. 남들은 결혼식을 어디에서 하고 신혼여행은 어디로 갔다는 이야기부터 남편의 연봉, 아내의 체중, 재테크 성공률, 자식의 교육까지 하나하나 비교하면서 사실 내 관계의 망이 주는 기쁨들은 사라진다. 경쟁논리에 사로잡힌 무서운 기업 같은, 무늬만 가족이 된다.

사실 내 주변 사람은 다 나보다 더 많이 받았고 나 혼자만 무시당하고 희생당했다는 생각을 하기 시작하면 본인이 더 힘들다. 당신이 가해자라고 생각하는 상대방도 실은 자신이 피해자라고 생각한다. 대부분의 며느리는 시어머니 때문에 자신이 기를 펴지 못한다고 생각하지만, 대부분의 시어머니 역시 며느리 눈치 보느라 마음이 편하지 않다. 언니는 언니대로 동생은 동생대로 내가 더 피해를 입었다고 주장하는 집이 얼마나 많은가. 희생자 놀이는 드라마 보는 것으로 간접 체험하고 말자. 자신을 비극의 주인공으로 포장하는 그 시간에 모두가 존중받으며 사는 방법을 구체적으로 모색하는 것이 훨씬 중요하다. 프랑스 철학자 몽테뉴도 "질투는 가장 무익하고 고통스러운 질병"이라고 말한 바 있다. 그런데 질투하는 상대가 가족이라면 쉬지도 않고 그 통증을 느껴야 될 것이다.

'가족이라면 절대로 서로에게 등을 돌려선 안 된다!Family should never turn against family!'라고들 이야기한다. 그러나 이 말은 '부부는 일심동체!'란 말처럼 꽤 많은 경우 위선이고 폭력이 될 수 있다. 권력을 가진 이들이 종종 자신의 말에 반대하는 구성원들에게, '어떻게 가족이면서 정반대의 생각을 갖고 있어?'라고 물으며 생각을 강요하기도 하고, 지레 자신의 다른 생각을 억압할 수도 있기 때문이다. 한 가족은 당연히 하나의 종교를 믿고, 하나의 정당을 지지하고, 똑같은 인생관을 가져야 한다는 식의 전체주의적 사고방식은 곤란하다. 내가 원해서 이 가족으로 태어난 것도 아니고, 앞으로도 이 가족이 내 인생 전체를 책임져 줄 것도 아니기 때문이다. 또한 내가 배우자와 결혼하고 서약한 것이지, 배우자의 다른 가족들과 결혼한다고 서약한 것이 아니기 때문에 특히 배우자의 가족과 내가 모든 삶의 방식을 서로 맞춰야 한다는 것은 종종 이혼 사유가 되기도 한다. 진짜 가족이라면 질투와 분노로 설령 등을 돌린다 해도, 다름을 인정해 주고, 또 오랫동안 기다려 주면서, 손을 잡을 때가 되면 다시 손을 잡을 수 있어야 내가 성장하고 생존하는 데 이익이다.

만약 누군가 '당신 가족이 행복해지려면 구체적으로 무엇이 필요한가요?' 하고 물어볼 때 '서로 믿고 사랑해야지'라는 추상적인 대답

2_ 아직 그대는 환상 속에 있다

을 하는 이들도 있겠지만, '그저 서로에게 상처를 주지 않고 평화롭게 살 수만 있다면 좋겠다'라고 작은 바람을 대답하는 경우가 꽤 많을 것이다. 집이 좀 더 넓었으면, 부모님이 좀 더 잘났으면, 혹은 좀 더 간섭이 없었으면, 자녀들이 좀 더 공부를 잘했으면 하는 욕심이야 물론 있겠지만, 진짜 핵심은 서로에 대한 존중과 수용 그리고 공감일 것이다. 서로에 대해 너무 잘 알고, 너무나 많은 것을 공유하는 가족이니까 서로에게 가장 자주, 그리고 더 아프게 상처를 줄 수 있기 때문이다.

실제로 행복한 가족이냐 그렇지 않은 가족이냐를 결정하는 요인은 번듯한 외적 조건이 아니다. 가장 중요한 것은 함께 있을 때 유쾌하고 편안해진다는 점이다. 같이 잘 놀고, 같이 맛있게 먹고, 같이 웃을 수 있으려면 일단 서로에게 질투와 원망으로 날카로운 발톱과 이빨을 들이대지 않아야 할 것이다. 아주 단순하고 쉬운 실천처럼 보이지만, 자기 자신이 이미 상처가 많이 나 있는 경우엔, 말 속에 그 독기가 자기도 모르게 서리기 때문에 생각만큼 쉽지 않을 수 있다.

겉으로 보자면 가족끼리 의가 상하고 싸움을 하게 되는 이유 중 하나가 돈 문제다. 생활비를 누가 더 버느냐, 왜 시가에 혹은 친정에 썼느냐, 쓸데없는 데 낭비한다, 하는 등 돈 문제로 싸우는데, 핵심을 들여다보면 돈이 문제가 아니라 서로에 대한 질투, 소외감, 박탈감, 열등감 등의 감정문제가 더 큰 경우가 많다.

사람들이 돈 문제가 나오면 서로 얼굴을 붉혀가면서 치사하게 구는 이유다. 콤플렉스는 본래 사람의 마음을 어지럽히는 것이지만, 그중 돈 콤플렉스도 질긴 대상 중 하나다. 돈은 단순히 무언가를 쓸 수 있는 수단이 아니라, 사랑의 표현, 지위의 상징, 인간성의 척도 등으로 치환된다. 가족끼리 누가 더 돈을 쓰느냐, 누가 더 책임을 지느냐에 대해 자꾸 따지게 된다면 그래서 그 때문에 서로 싸운다면 서로에 대한 긍정적인 감정보다 부정적인 감정이 훨씬 더 크고 강하다는 것을 먼저 간파하고 다루어야 할 것이다.

가족이 서로에게 따뜻한 쉼터가 되어야 하지 않느냐고 사람들은 종종 말한다. 맞는 얘기다. 그런데 그 쉼터는 누가 관리하고, 내 배고프고 지친 몸은 누가 돌보는가? 결국 누군가의 희생으로 가족이 좀더 안락하고 쾌적함을 누리게 되는 것이다. 예전에는 어머니들이 희생자 역할을 받아들였지만 요즘엔 그런 어머니 상을 찾는 것도 지극히 어려운 일이다. 설령 혼자 노예처럼 일만 하는 숭고한 어머니가 있다 쳐도, 그런 어머니가 건강할 수는 없는 노릇이다. 형제들 역시 과거에는 주로 아들을 위해 딸들이 희생한다든가, 맏이를 위해 차남이나 삼남이 희생한다든가, 맏딸은 살림 밑천이라든가 하는 식의 일방적인 희생을 강요당했지만, 요즘 세상에 그런 부모의 결정에 아무 갈등 없이 동의하는 자녀들은 거의 없다. 그러니 될 수 있는 한 모두가 수긍할 정도로 공평한 선택을 하도록 노력하는 수밖에 없다.

2_ 아직 그대는 환상 속에 있다

가족도 일종의 팀이다. 그래서 무언가를 결정하고 함께하는 순간에는 어느 정도는 보조를 맞추어 주는 것도 필요하다. 특히 아이를 키울 때 개성을 존중한다며 항상 자기 멋대로만 하게 내버려 둔다면 그 아이에게는 치명적이다. 어떤 조직에 가서도 적응을 못하기 때문이다. 물론, 지나치게 폭력적인 독재자의 마음대로 가족이 휘둘리지 않는다는 전제가 있어야 한다.

속상한 일이 있고, 나만 소외된다든가 혹은 부당한 대우를 받는다든가 하는 생각이 들면, 아주 짧고 간략하게 핵심을 담아 표현하는 것이 좋다. 가족은 편한 상대인 듯 잘못 오해해서 부정적인 감정을 날것으로 교환하기 십상이다. 지나친 감정의 홍수로 상대방에게 의도하건 의도하지 않건 간에 상처를 줄 수가 있다는 뜻이다. 그런 경험들이 켜켜이 쌓이다 보면 가족이기 때문에 오히려 더 이야기를 못하는 경우도 많다. 그럴 때는 차라리 가족이라고 생각하지 말고 어려운 직장 상사나 동료라고 간주한 다음, 마음속에서 핵심을 정리해 단숨에 얘기하거나 메시지를 전달하는 것도 방법이다. 가족이니까 구구절절 감정이 과잉될 때 부담스럽던 가족들의 쓸데없는 간섭과 우려에서 벗어나 마음의 휴식을 취하는 한 방법이기도 하다.

내 사랑만 사랑 같지 않다는 느낌

정말 사과의 말

_ 김이듬

만지지 않았소
그저 당신을 바라보았을 뿐이오
마주 볼 수밖에 없는 위치에 놓여 있었소
난 당신의 씨나 뿌리엔 관심 없었고 어디서 왔는지도 알고
싶지 않았소
말을 걸고 싶지도 않았소
우리가 태양과 천둥, 숲 사이로 불던 바람, 무지개나 이슬 애
기를 나눌 처지는 아니잖소

우리 사이엔 적당한 냉기가 유지되었소
문이 열리고 불현듯 주위가 환해지면 임종의 순간이 다가오
는 것이오

……

당신은 시들었고 죽어가지만
내가 일부러 고통을 주려던 게 아니었기 때문에 난 죄책감
을 느끼지 않소
내 생리가 그러하오
난 주변에 있는 모든 것들의 생기를 잃게 하오
내가 숨 쉴 때마다 당신은 무르익었고 급히 노화되었고 마
침내 썩어버렸지만

지금도 내 몸에서 흘러나오는 호르몬을 억제할 수가 없소
나는 자살할 수 있는 식물이 아니오
당신한테 다가갈 수도 떠날 수도 없었소
단지 관심을 끌고 싶었소

실패한 사랑 때문에 힘든

✉ ___ 동 생 이

언니. 왜 난 겨우 이런 사람밖에 못 될까. 그 남자는 내게 관심도 없는데 왜 나만 그 사람을 혼자 좋아하다가, 겨우 용기를 내서 사귀어 보자고 해도 보기 좋게 거절이나 당할까. 내가 못 생겨서? 내가 키가 작아서? 왜 남자들은 모두 예쁜 여자들만 좋다고 하지? 걔네들 성격이 얼마나 나쁜지, 얼마나 이기적인지, 얼마나 거만한지. 왜 모르지?

난, 정말 그 아이한테 잘 해 줄 수 있는데. 그래서 진짜 행복하게 해 줄 수 있는데. 왜 그 아인 날 몰라보는 거지? 왜 그렇게 바보 같은 거지?

언니. 사실 난 이번 사랑이 첫사랑이나 다름없었어. 어렸을 때야 그냥 다 장난이었고. 어쩌면 용기가 없었는지도 몰라. 거절당할까 봐 두려웠을 수도 있고. 또 사랑보다는 일이 더 중요하다고 생각했었거든. 진심으로 누군가에게 깊이 끌렸던 건 이번이 처음이었고. 나도 다른 사람들처럼 남부럽지 않게 연애도 하고 싶었고. 어쩌면 그 아이하고 미래를 설계할 수도 있겠다고 생각했었는데……. 그래서 용기를 내서 고백한 거야. 정말 놓치면 안 될 것 같아서.

그런데 그 남자, 단번에 거절하더라, 매몰차게도. 언니, 정말 이런 게 겨우 첫사랑이라면, 사람들이 왜 첫사랑이 예쁘니, 추억이니, 아련하니, 하고 예쁘게 말할까. 난 언제쯤 언니처럼 내 가족을 이뤄서 행복하게 살 수 있을까. 이러다 그냥 결혼 한 번 못하고 혼자 늙어갈까. 언니, 난 정말 무서워. 남자들에게 거절당하면서 외로운 여자로 그냥 늙어갈까 봐.

사랑과 행복은 별개임을 알려주고 싶은
💬 ＿＿＿언니 가

사랑하는 내 동생아. 무서워하지 마. 그리고 너무 슬퍼하지도 마. 세상은 넓고 남자는 많다고 언니가 말해도 지금 네 귀엔 들어오지도 않고 믿기지도 않겠지만, 정말 그래. 지금 네 눈에는 그 남자만 보이겠지만, 시간이 지나면 그 사랑의 마음도 조금씩 잊힐 거야. 네가 아무리 잊지 않으려 해도 시간이 지나면 차츰 세세한 작은 것부터 네 머리를 떠나가고, 그래서 결국 힘든 기억들까지 더 이상 힘들지 않게 돼.

네가 지금 겪는 건 어쩌면 거의 모든 젊은이들이 한 번씩은 다 거쳐 가는 거야. 언니도 그랬고, 네 엄마도, 네 아빠도, 어쩌면 네 할머니나 할아버지도 그랬을지 몰라.

네 말대로 첫사랑이란 달콤하고 아름다운 게 아닌 것 같다. 그건 영화에서나 있는 일이지. 많은 이들의 첫사랑은 그냥 부끄러움일 뿐이고 당황할 일만 많은 사건의 연속일지 모른단다. 사랑이 잘 익은 상태로 오고 갈 수가 없으니까. 또 처음으로 내가 사랑하는 사람에게 어떻게 비칠지 몰라 전전긍긍하게 되기 시작하니까. 상대방에게 거절당했건, 다른 사람들에게 조롱을 당했건, 결국 조금 시늉만 하다 깨졌건, 아니면 내가 먼저 실망했건, 산산조각 나는 방법은 다양하지만, 결국 우리에게 남는 것은 사랑의 여정이 얼마나 험난한지 깨달아야 하는 숙제뿐이야. 그렇게 해서 이젠 너도 괴로운 어른의 시간으로 들어서게 된 거지.

그런데 네 사랑을 받아주지 않는 그 남자 때문에 네 외모를 탓하지는 않길 바라. 여자가 예쁜 것만 따지는 남자는 결국 결혼해서 네가 늙고 병들면 더 젊고 예쁘고 건강한 여자를 찾아갈 사람이니까. 네가 얼마나 멋진 사람인 줄 모르고 너를 거절했다면, 그 남자에게 비극인 거지, 결코 네게 비극은 아니란다. 너를 알아봐주는 진짜 남자를 만나서 네 사랑을 키우면 되니까.

언니는 사실 그 남자가 너를 왜 거절했는지는 궁금하지가 않다.

2_ 아직 그대는 환상 속에 있다

네가 얼마나 멋진지도 모르는 그 바보 같은 남자 때문에 쓸데없는 일을 추측하고 분석하면서 시간 낭비할 필요도 없다고 생각해. 한데 왜 하필이면 네가 그 남자를 좋아하게 되었는지는 좀 궁금하단다. 혹시 넌 그 아이가 키도 크고 잘생기고 인기가 있어서 좋아했던 건 아니었는지, 또 그 친구가 주변 아이들에 비해 뭔가 잘난 것 같아서였던 건 아니었는지, 걔가 갖고 있는 뭔가 있어 보였기 때문인 건 아니었는지, 언니는 그런 게 궁금하구나.

그리고 네가 혹시라도 그런 조건들 때문에 멋져 보이는 남자와 드라마 같은 로맨스에 빠지면 앞으로도 영원히 행복하게 될 것이라는 믿음을 갖고 있다면, 정말 걱정이 된다. 과연 쓸데없이 허황되기만 한 겉모습만 그럴듯한 사람들에게 둘러싸여 있는 남자가 결혼해서 널 행복하게 해주고 그 후로도 오랫동안 행복하게 살 수 있을까. 어쩜 그런 남자들은 사랑하는 아내는 그냥 소홀히 하고 자기를 좋다고 하는 새로운 여자들에게 금방 마음이 뺏기는, 자기 생각밖에 할 수 없는 남자일 수도 있지 않을까······.

넌 내가 결혼하기 전에 형부가 못 생기고 키도 작아서 싫다고 했었지. 창피하다고. 언닌 사실 네가 그렇게 말할 때 많이 속상했단다. 아무리 철모르는 나이라지만, 어떻게 그렇게 말을 함부로 할까 하는 생각도 했었고. 그래도 내가 선택한 남자인데 그렇게 말한다는 건 언니인 나를 무시하는 것이라는 생각도 들었어. 다신 널 보지 않겠다고 생각한 적도 있으니까. 엄마, 아버지도 네 형부의 조건이 시원찮다고 마음에 들지 않는다고 하던 차에 너까지 거드니까 정말 언니는 외로웠었단다. 과연 결혼을 해야 하는지 의심도 들었고. 그런데 어떠니. 지금 언니 그런대로 잘 살고 있잖니. 뭐 호화스럽게 살고 으스대며 살지는 못해도, 형부가 언니를 존중해 주고, 나도 형부를 아껴주면서…… 조그만 집도 하나 마련했고. 아이도 하나 낳아 소박하게 키우고 있고. 그럼 된 거 아니니.

나도 남편을 처음 만났을 때, 그다지 관심이 없었어. 네가 지적하는 건 나도 인정하는 사실이니까 더 마음이 아팠었지. 그런데 사귀고 보니까, 참 좋은 사람이더라. 따뜻하고, 성실하고, 다른 데 한눈 안 팔고. 결혼하고 나니, 오로지 나하고 아이 챙기는 것에만 인생의 목표를 두고. 비록 정말 능력이 출중한 사람도 멋진 미남도 아니지만, 난 그 사람한테 만족해.

미안하구나. 그러지 않아도 속상한 너에게 내 자랑 하는 것 같아서. 하지만 난 네 피붙이니까 솔직하게 이야기하는 거야. 너도 나처럼, 남자 겉을 보지 말고 진짜 속을 보면, 그래서 정말 너를 뼛속까지 깊이 사랑해 줄 남자를 찾으면 꼭 행복하게 될 거야. 이 세상에는 참 좋은 원석 같은 남자들이 많단다. 다만, 여자들이 그 원석을 잘 갈고 닦는 수고로움을 귀찮아할 뿐이지.

첫사랑이나 짝사랑이 아름다운 것은 영화에서나 가능한 일이다. 많은 이들의 첫사랑, 혹은 짝사랑은 부끄러움이란 감정과 짝을 이룬다. 처음으로 자신에게 숨겨진 육체성을 깨닫는 순간은 당황스러움, 혼란, 자의식 등 복잡한 감정이 혼합되어 있다. 상대방에게 거절당했건, 다른 사람들에게 조롱을 당했건, 한동안 사랑했지만 결국 깨졌건, 끝으로 향하는 길은 다양하지만, 결국 사랑의 여정이 얼마나 험난한지 깨닫게 되는 결연한 순간이 찾아온다. 그리고 그렇게 괴로운 어른의 시간은 시작된다.

죽을 때까지 지속되는 소울메이트에 대한 신화 만큼이나 짝사랑과 첫사랑에 대한 신화적 추억들은 넘쳐나지만, 현실은 그렇게 화려하거나 아름답지 않다. 게다가 극도로 경쟁적인 사회 속에서 젊은 이들은 아름다운 낭만과 진정한 사랑에 대한 기대를 점점 접고 있다. 살기가 팍팍하다는 이유를 대긴 하지만, 사람에 대한 신뢰, 미래에 대한 희망을 잃어버렸기 때문에 사는 것이 더 힘들게 느껴질 수도 있다. 물론 만나는 순간 한눈에 사랑에 빠질 수 있고, 그 사랑이 영원했으면 하고 기대하는 낭만주의자들이 그래도 있을 수 있다. 그런 상상은 비현실적인 것이니 버리라고 말해 그들의 아름다운 감성을 훼손하는 것은 의미 없는 일이다. 실제로 성공적인 결혼생활을 하면서 "만나는 순간, 상대방에게서 운명적인 광휘를 보았다"고 말하는 이들을 드물지만 확실히 만난 적이 있다. 그러나 그런 운명적 만남은 실생활보다는 소설이나 영화에 더 많이 등장하고, 비극으로 끝날 수도 있다. 운명은 우리가 어쩔 수 없이 받아들여야 한다는 점에서 비극적이고, 그 운명에 끌려 다니면서도 그런 인생을 수용하고 긍정해야 버틸 수 있다는 점에서 의도적으로라도 희극적이어야 한다.

사랑과 결혼은 아름답게 포장된 드라마가 아니라 때론 누차하고 때론 지루한 현실이다. 겉만 보고 좋은 상대를 알아차릴 수 있는 능력은 거의 신의 영역이다. 인간은 무수한 시행착오를 통해 나와 상대방을 파악하게 되어 있다. 사실 신화나 중세 시대의 소설에서도 사실 그런 예측이 단번에 맞아 떨어지진 않는다. 서양 로맨스의 원형적 이야기라고 하는 '트리스탄과 이졸데'도 그렇다. 두 주인공이 맨 처음 만나는 그 순간엔 서로가 운명의 사랑이라는 사실을 전혀 모른다. 당연히 첫눈에 반하지도 않는다. 이들이 사랑에 빠지게 만든 것은 상대방의 아름다운 외모가 아니라, '사랑의 묘약'을 우연히 잘못 마셨기 때문이었을 뿐이다.

어떤 종류의 사랑이건 마음속 깊은 곳에서 알 수 없는 무언가가 움직이고 있다면 우리의 무의식이 의식의 나를 잡아먹을 수 있다는 것을 의미한다. 누군가에게 매혹당했다면 무의식의 깊은 심연에 빠

　　　　　2_ 아직 그대는 환상 속에 있다

져서 허우적거린다는 뜻이다. 무의식이란 무엇인가? 의식이 알아챌 수 없는 광활한 공간이다. 아무리 똑똑한 사람이라도 자기가 알지 못하는 무의식을 모두 제어하고 정리할 수가 없다. 무의식이란, 문자 그대로 우리의 이성이 닿지 못하는 공간이다. 수억 개의 뉴런 중에서 우리가 어떤 일을 하고 있는지 파악하고 있는 뉴런은 지극히 일부분이다. 무의식이 만드는 사랑이라는 춤 역시 계산하고 계획하고 따지기 좋아하는 이성이 이해하기 힘든 마술이다. 의료 발달로 이성이 광기를 다스릴 수 있다는 착각은 어쩌면 의료재벌이나 제약회사의 농간일 수도 있다.

무의식의 영역조차 알지 못하는 사람들은 곧잘 그런 마술적인 사랑의 원천이 멋진 외모에서 나온다고 생각한다. 우리가 보는 것은 오로지 피부뿐이니까 그렇게 생각할 수도 있다. 하지만 다양한 케이스들을 자세히 들여다보면, 우리가 반하는 대상은 컴퓨터가 합성해 놓은 듯한 완벽한 성형미인이나 조각미남들만은 아니다. 그보다는 따뜻한 말 한마디, 부드러운 제스처, 상대방에 대한 진실한 배려와 관심 등이 연애하고 싶은 마음을 움직이게 하는 것이다. 그래서 내가 좋아하는 외모의 이성을 만난 적이 없다고 하는 사람은, 실제로 자신의 구미에 딱 맞는 잘생긴 외모의 상대를 만나지 못했기 때문이 아니라, 자신의 무의식을 열고, 상대방을 받아들일 준비가 되어 있지 않았기 때문일 수도 있다.

그러나 사랑한다고 해서 꼭 상대방의 주변에 있는 광휘Halo가 보이고, 그 사람 속의 빛을 사랑해야 한다고 지레 겁먹을 필요는 없다. 광휘는 예수님이나 부처님에게 속한 신성한 무엇이다. 잠깐 그런 순간이 있었다면 당신의 눈에 병이 난 것일 뿐이다. 진짜 사랑은 벽에 똥칠을 할 때까지 견뎌야 하는 것이다. 사랑의 앞만 보고 뒤는 보기 싫고 아름다운 외모가 절대적인 사랑의 조건이라고 믿는 사람들에게는 차라리 결혼생활보다는 완벽한 연예인들의 팬클럽 회원 생활을 권하고 싶다. 팬클럽 회원이 되면, 그들과 내적인 교류나 서로에 대한 책임감이나 고통을 나누는 일 없이도 얼마든지 상대의 아름다움을 즐길 수 있다.

진화론을 신앙으로 생각하는 이들은 외적으로 우월한 유전자는 이성을 영리하게 유혹할 힘을 갖고, 우리는 그런 유전자에 끌려 다닌다고 주장한다. 내적으로도 튼실하고 보기도 좋은 유전자가 짝을 쉽게 만나야 인류는 좀 더 생존가능성이 높은 유전자를 더 많이 퍼뜨릴 수 있다는 논리다. 인간을 짐승 그 이상도 그 이하도 아닌 것으로 간주한다면 그 논리는 맞다. 하지만 일생을 함께할 수 있는 배우자로서 좋은 심성과 지속적인 사랑의 능력을 알아보는 눈은 짐승의 영역을 뛰어 넘는 영성적 영역에 있다. 예컨대 약육강식에서도 살아남을 줄 아는 강한 종마나 영악한 씨받이로서 타고난 유전자는 상대에게 냉혹할 가능성이 높다. 짐승의 세계에서는 우월한 유전자가 열

2_ 아직 그대는 환상 속에 있다

등한 유전자를 잔인하게 대하지만, 인간의 역사에서는 참으로 우월한 유전자는 엄청나게 열등한 유전자도 깊이 사랑한다.

조금만 유혹해도 넘어올 젊고 더 생식력이 좋은 또 다른 상대가 바깥에서 줄을 서서 기다리고 있음에도 자신의 배우자에게 헌신하는 이들은 대개 자기 통제와 윤리적 힘을 가진 사람들이다. 늙어가는 조강지처를 버리고 트로피 와이프를 얻는 유명인사들, 늙고 병든 남편을 버리고 젊은 남자와 다시 시작할 수 있는 외모와 돈과 시간을 갖춘 여성들의 유전자는 단기적으로는 우월하다고도 말할 수 있다. 그러나 장기적으로 보자면 진정한 사랑의 승자는 계산하지 않는 바보들이다.

롤랑 바르트는 《사랑의 단상》에서 사랑의 대상은 예측할 수도 없고, 분류될 수도 없는 무엇이라고 말했다. 한참 사랑에 빠져 있을 때 창조성이 샘솟는 것은 바로 그 상대와 무언가를 끊임없이 새롭게 경험하기 때문일 것이다. 그리고 그 새로운 경험 중에 젊은이들의 미래에 가장 값진 비료가 되는 것은 바로 사랑의 실패다. 사랑에 실패해 본 경험만이, 새로운 사랑이 주는 불안과 분노와 좌절감을 견디는 방법을 가르쳐주는 것이기 때문이다.

누군가에 대한 그리움, 서운함, 분노에 눈물 흘려 본 적이 없는 사람은 사실 인생의 진정한 의미를 아직 모르는 것일지 모른다. 감정을 관장하는 뇌, 즉 변연계와 기저핵 시상하부의 성숙은 어쩌면 사랑

이 주는 기쁨과 슬픔, 황홀함과 외로움, 고양감과 좌절감으로만 가
능한 것이 아닌지도 모르겠다.

실패할까 봐 시도도 하지 않는 결혼

독방

_ 이영광

혼자 있는 것이 행복하다고
나는 믿었지만
행복 속에 안녕이 없네

나는야 뭉게구름 같은 숲 가녘에
안내인마냥 외따로 선
키 큰 소나무 한 그루 사랑했지만,
그 나무 오징어 다리 같은 뿌리 내놓고 길게 쓰러졌네

혼자 있는 자는 아무것도 하지 않는 자,
한마디도 하지 않는 자
무엇이든 저지르고 마는 자이네

그의 몸은 그의 몸 이기지 못해

일어나지 않는 몸,
기필코 자기를 해치는 몸이네

이 독방에 필요한 것은 또 하나의 독방
현관문 열고
방문 열고 들어서면
더 들어갈 데가 없는 곳에,
그러나 더 열고 들어가야 할 문 하나가 어디엔가
반드시 숨어 있을 것 같은 곳에

스러지지 않고
침묵하지 않고
기어다니지 않아도 되는
더 단단한 독방 하나, 나는 믿었지만

그 꿈 같은 감옥
불 켜면 빛 속으로 사라지고
지금, 타는 듯한 벌판에서 눈 감는 사람은
또다시 문밖에 누워 잠드는 사람이네

혼자 살고 싶은 아들이

✉ _ _ _ 아버지에게

아버지. 왜 제게 자꾸 장가를 가라 그러세요. 어머닌 또 왜 제게 자꾸 선보라고 사진을 보여주세요. 전 여자도, 결혼도 관심이 없어요.

자기 잘난 맛에 살고, 그저 나, 나, 나만 말하는 여자들이 싫어요. 그런 여자들은 남자가 웬만큼 돈 벌어 갖다 주지 않으면 사람 취급도 하지 않아요. 키도 크고 잘생겨야 하고, 시댁식구들도 자기를 건드리지 말고 마치 고아인 것처럼 다 끊고 살아야 하고……. 이벤트니 뭐니 해서 끝없이 챙겨달라는 건 또 어떤가요. 비싼 옷에 가방에, 고급 차에, 그 여자들의 욕망은 끝이 없어요. 그러면서도 결혼해서 제가 아침밥 한 끼 제대로 얻어먹을 수 있을까요. 그런 여자들이 남편 챙기고, 부모님을 행복하게 해드리려고 노력할 거라 생각하세요?

하루 종일 힘든 일하고 온 남편에게 이런저런 집안일 시키는 것쯤은 요샌 아주 당연해요. 아이나 하나 낳으면 얼마나 유세를 떠는데요. 세상에 아이는 저 혼자 키우는지. 이래서 힘들고 저래서 힘들고. 산후우울증이니 뭐니 해서 툭하면 사람들한테 자기는 희생자라고 선전하고. 시어머니가 반찬을 해서 가져다주시는 것조차도 귀찮다 하고.

전 그런 여자들하고 만나기도 싫어요. 그냥 혼자 살다가 편하게 죽고 싶어요. 여자에게 달달 볶이고, 아이랑 처갓집 식구들 때문에 나 하고 싶은 것도 못하면서 평생 노예처럼 돈 벌어 오는 기계로 살고 싶지 않다구요.

그래도 나중에 외로우면 어쩌냐구요? 일생 볶이면서 비참하게 살다가 겨우 말년에 좀 덜 외롭자고 결혼을 한다구요? 어머니, 우리 할머니와 할아버지께서 어떻게 돌아가셨어요? 자식들이 모시기 싫어해서 실버타운 갔다가 요양병원에서 간병인 봉사받다 돌아가셨잖아요. 어머니에게 치매가 오면, 아버지가 그 수발 다 하실 것 같아요? 아버지가 전신 마비가 오면 늙은 어머니가 그 기저귀 정말 다 갈아 주실 것 같아요? 아니잖아요. 돈으로 사람 사거나 요양병원에 맡길 것 아녜요. 저도 먹고살아야 하는데 제 직장 다 때려치고 부모님 간병만 할 수도 없는 노릇이구요. 그럼에도 불구하고 늙고 병들어 가족이 있으면 그나마 덜 고생하고 훨씬 나은 여생을 보낼 수 있다고 정말 믿으시나요? 힘들고 아플 때 그래도 가족만 한 게 없다고요? 요즘 여자들이 얼마나 이기적이고, 편한 것만 찾고, 조금의 희생과 헌신도 절대 할 수 없다고 당당하게 주장하는데요. 나중에 늙어가면 여자들이 혹시 철이 좀 들까요? 전 그렇게 생각하지 않아요. 젊어서 철들지 않은 사람이 단순히 나이 들었다고 철든다고 저는 생각하지 않아요. 꿈 깨세요.

어쩌면 여자들도 오래 혼자 살다 보면 젊을 때와 달리 기가 많이 죽어서 나 같이 여자에게 아무것도 해 줄 것 없어도 좋으니 그냥 같이만 살아 달라고 하는 여자가 혹 생길지 모르겠어요. 자기들도 아프고 외로우면 그렇게 되지 않겠어요? 원래 여자들이 오래 사니까. 제가 나중에 편안하고 좋은 여자 만날 가능성이 더 높은 거라구요. 어머니, 아버지가 말하는 좋은 집안의 좋은 교육을 받은 음전한 규수들이 저처럼 특별히 물려받은 재산도 별로 없고, 외모도 별볼일 없는 남자를 행복하게 해 주리란 착각을 하지 마세요.

그리고 전 아버지랑 달라서 혼자 밥도 해 먹을 수 있고, 혼자 빨래도 할 수 있고, 청소도 할 만큼 해요. 남자들끼리 술 마시고 운동하면 기분도 좋아지구요. 여자 없이도 얼마든지 내 생활 잘 꾸려 나갈 수 있단 말예요. 며느리가 해 주는 밥 한번 먹고 싶다고요? 요즘 어떤 며느리들이 집에 시부모를 불러 밥상을 멋지게 차리겠어요? 아마 밥상 한 번 차린 다음엔 몇 달 며칠 저를 볶을 걸요. 자기가 무보수 파출부니 어쩌니 하고 말이죠.

아프게 들리실지 모르지만, 어머니, 아버지께서 며느리한테 떳떳하게 밥 얻어 드실 만큼 그렇게 저한테 물려줄 재산이 많으세요? 그렇지도 않으시잖아요. 며느리도 예전이나 며느리지, 지금은 시부모보다 훨씬 더 힘이 세요. 예전 같이 효니, 인간의 도리니, 하고 생각하는 여성들은 한국에 없어요. 부모님은 제가 결혼하고 나면 아마 금방 불만이 많아지실 거예요. 아들, 며느리가 자식 노릇 제대로 못한다고요. 이래도 못마땅하고 저래도 못마땅한 아들일 터이니, 결혼해서 부모님께 효도할 가능성도 없단 사실을 그냥 받아들이세요. 그리고 제발 혼자서도 잘 사는 절 좀 가만 내버려 두세요.

자신도 결혼생활이 버거웠던 아버지가

💬 _ _ _ 아 들 에 게

아들아, 네 말은 잘 알겠다. 네 말대로 요즘 여자들이 그렇다는 거 나도 잘 안단다. 그리고 네가 여자 없이도 잘 살 수 있다는 것도 믿는다. 하지만 결혼생활을 경험할 수 있는 기회까지 완전히 놓겠다고 하는 네가 아버지는 사실 좀 안타깝다. 물론 이기적이고, 게으르고, 변덕스러운 여자랑 억지로 살라는 것은 아니다. 그런데 정말 요즘 여자들만 그렇게 남자들을 힘들게 한다고 생각하고 있는 거냐. 아버지 친구들도 만나면 모두 마누라 눈치 보고 사는 게 보인다.

그러면서도 왜 사느냐고? 글쎄, 여러 가지 이유가 있겠지. 너희 세대와는 다르게 아버지 세대는 부엌에 한 번 들어가 보지 않고 살아왔다. 당연히 밥 해 주고 살림 해 주는 여자 없이 살기가 힘들지. 아, 그러면 파출부 쓰면 된다고? 네 엄마가 해 주는 일이 그게 다가 아니지 않니. 아버지가 아프면 약도 사다 주고, 물도 갖다 주고, 또 말동무도 해 주고 위로도 해 주고……. 네 눈에는 아버지가 네 엄마 잔소리를 그냥 싫어한다고만 보이겠지만, 간혹 그런 잔소리를 듣지 못할 때 얼마나 허전함을 느끼는지 모를 거다.

옛날 공자님도 여자들은 다루기 힘든 존재라고 그러지 않았니. 그런 공자님도 결혼하셔서 그 자손들을 남기셨단다. 여자들은 동서고금을 막론하고 남자들에겐 이기적이고, 약삭빠르고, 믿을 수 없는 존재로 비치지만, 또 아이가 생기고 자기 살림이 생기면 달라지기도 한단다.

내가 보기엔 결혼을 하지도 않고 미리부터 불행하다고 확신하는 것은 직장을 나가지도 않고 다 똑같다고 생각하며 일을 하지 않겠다는 태도나 똑같아 보인다. 인간도 결국 동물 아니니. 짐승들이 왜 사니. 자기 생명 오래 부지하고, 자기 닮은 새끼 낳고, 그러기 위해 사는 거 아니니. 그런 본능은 흉하거나 이기적이거나 계산에서 나오는 것이 아니다. 반대로 우리 인간들이 원래 해야 할, 자연스런 삶을 살지 않기 때문에 나쁜 일이 벌어지고 있는 게 아닐까. 요즘 뉴스 봐라. 젊고 혼자 사는 남자들이 저지르는 온갖 범죄들, 정말 끔찍하지 않니. 만약 그 사람들이 책임 있는 아버지이자 남편으로 살려고 했다면 그런 일들이 일어났을까. 아, 물론 네가 결혼 안 한다고 그런 나쁜 사람이 될 거라고 생각하는 건 아니니, 절대 오해하지는 말거라. 다만 내가 하고 싶은 이야기는 사람은 누군가를 돌봐야 한다는 의무감이 있을 때 오히려 인생을 참 잘 견디고 의미 있게 살 수 있다는 것이다. 사실 사람들은 모두 힘들다고 불평들 하지만, 가족이 있기 때문에 그 모든 것을 참고 직장엘 나가는 것이란다. 네어머니도 매일 힘들다 하지만, 그래도 우리 가족 때문에 궂은일 마다 않고 열심히 사는 거 아니니.

네가 말하는 대로 물론 노후 때문에 결혼하고 아이 낳는 것도 틀리는 얘기는 아니다. 그런데 정말 중요한 건 지금 현재 누군가를 사랑하고 또 책임감을 느끼기 때문에 어려운 일도 인내할 수 있고 견딜 수 있는 힘이 생긴다는 것이다.

우리가 너무 결혼생활의 나쁜 것만 이야기하고, 힘들고 고된 생활만 얘기해서 너로 하여금 미리부터 결혼을 포기하게 만든 것 같아서 미안하구나. 그러나 우리의 불평불만만 보지 말고, 우리가 사는 모습 중 평화롭고 행복한 순간들도 기억해 주면 좋겠다. 된장찌개를 먹어도 우리 세 식구가 같이 웃으며 따끈따끈하게 먹을 때 더 맛있는 거지. 누군가와 함께 나누고 거기서 웃고 울 때 추억도 생기고 에너지도 생기는 것 아니니.

그러니 아들아. 세상이 살기 힘들고, 여자들이 아무리 이기적으로 변해도 너도 우리처럼 결혼하고 아이를 낳아서 정말로 소중한 걸 많이 누릴 수 있으면 좋겠구나. 일단 해 보고 나서 좋다 나쁘다 이야기하는 거지, 해 보지도 않고 무조건 나쁠 것이라 말하는 건, 혹시 그냥 패배주의고 인생을 회피하는 것 아닐까.

이제 상당히 많은 젊은이들이 더 이상 결혼을 통해 가족을 만들지 않겠다고 공개적으로 이야기한다. 결혼할 사람도 아닌데 연애하는 것은 시간낭비라고 말하는 이들도 가끔 있다. 모든 시합은 본 게임 전 긴 연습시간을 거쳐야 하고, 때론 스파링 파트너도 필요한데 말이다. 리허설 없이 무대에 선다면 그게 더 문제가 생길 수 있는 것 아닐까. 결혼하기 전에 적절한 수의 상대와 연애를 해서 시행착오를 겪어야 결혼 생활도 훨씬 수월하게 해나갈 가능성이 높다.

그런데 처음부터 진정한 사랑이나 결혼은 내 인생에 없다고 말하는 이들이 있다. 그들 마음에는 무엇이 숨어 있을까. 우선, 사랑과 관련된 과거의 상처들이다. 대부분은 사랑에 실패하고 인생에서 살아갈 의미를 찾지 못하는 부모를 통해 간접적으로 얻은 정보들이다. 두 번째는 불안이다. 즉, 자신의 성적 매력, 사랑할 수 있는 정서적 수용성, 혹시 실패하더라도 견딜 수 있는 회복력 등에 대한 총체적 불안이 있는 이들은 일단 사랑하는 관계에 자신을 맡길 수가 없다. 세 번째는 분노와 힘에 대한 집착이다. 열등감에 사로잡혀 있다든가, 어떤 대상에 대한 분노에서 헤어나오지 못하면 복수와 원한에 사로잡힌 마음, 자기 과시를 하고 싶어 하는 욕심, 상대방을 조종하고 괴롭히려는 가학적 성향 등 때문에 누군가를 사랑할 수가 없다. 힘에 대한 집착은 누군가를 위해 자신을 포기하는 사랑과는 상극이다.

자신의 육체와 정신을 즐길 줄 아는 사람이 타인도 사랑한다. 적절하게 운동해서 체중을 유지하고 피부를 잘 관리하고 매력적으로 옷을 입는 등 남들에게 잘 보이려고 하는 것도 물론 나쁘지 않다. 그러나 스스로의 자존감을 높여 당당해지기 위해서라면 육체적인 자신감이나 건강함과 더불어 정신적인 자산이 얼마나 충만한지 먼저 점검해 보는 것이 필요하다.

물론 도를 닦는 스님들이나 더 큰 사랑을 실천하기 위해 결혼하지 않는 신부님이나 수녀님들처럼 세속적인 즐거움을 포기하는 것도 한 방법이다. 시몬느 베이유는 애착이란 착각의 위대한 조립일 뿐, 초연함만이 실체를 알게 된다고 말했다. 시몬느 베이유가 말한 애착은 아마 특정 대상에 대한 개인적 집착을 말하는 것 같다. 그녀는 전쟁 통에 세상의 불쌍한 사람들을 걱정하느라 음식을 먹지 못하고 굶어 죽었다는 뒷얘기도 있다. 위대한 사람들은 이처럼 더 큰 사랑의 즐거움을 알기 때문에 자잘한 세상일에 초연할 수 있었을 것이다. 물론 그들이 추구하는 초월적 세상에 대한 갈망도 매우 아름답지만, 일상에서 만나는 가족과 주변 사람들을 진심으로 사랑하는 것 역시 아름다운 일이 아닐까 싶다. 보통 사람들에게는 오히려 가족관계가 바로 도를 닦고 깨달을 수 있는 기회가 되기도 한다.

책임은 싫고 달콤함만 얻고 싶은

내가 가끔 회상하는 건, 그날
잠에서 처음 깨어 나무 그늘 꽃
위에 쉬고 있는 자신을 발견하
고, 나는 무엇이고 어디 있고
어디서 어떻게 그곳에 왔는가
를 의아해하던 그때의 일[1]

_ 이상희

눈물은 결국
만리포 파도처럼
죽은 마음의 눈꺼풀을 밀어 올리며
깔깔한 사랑의 모랫벌을
다시 달리게 했다.

- - - - - - - - -

1 《실락원》에서 인용

누군가와 함께 가는 인생을 권하는

✉ ___어머니에게

엄마, 엄마 말대로 정말 아무하고나 결혼해야 할 나이인가요. 사실은 어떤 남자를 골라야 좋은지 아직도 자신이 없어요. 다른 친구들은 이제 모두 자기 짝을 찾아 가는데 나만 혼자 남겨진 것 같고 점점 초조해요. 물건도 차라리 아무거나 정하고 일단 사고 나면 훨씬 마음이 편하잖아요. 좋건 나쁘건. 그러니 남자도 빨리 정해 버리는 게 낫겠다는 생각도 들어요. 그런데 막상 남자를 만나는 자리에 가면, 그 사람의 이런저런 모습이 영 마음에 들지 않아요. 어떤 남자는 정말 외모 때문에 싫고, 어떤 남자는 외동아들이라 싫고, 또 어떤 남자는 나보다 돈을 덜 벌어서 싫고…… 이러다 시집 못갈 것 같은 두려움이 확 밀려오긴 하지만, 그래도 마음에 안 드는 남자 만나서 고생고생 하면서 살기는 싫거든요. 그러니, 엄마. 시집 못 간 딸이 걱정되어 하시는 말씀인 줄 알지만 제발 저보고 빨리 결혼하라고 강요하지는 마세요.

솔직히 엄마랑 아빠 사는 것 보고 자라면서 별로 결혼하고 싶다는 생각이 없었어요. 엄마는 툭하면 너희들만 아니면 이혼하겠다고 하셨죠. 할머니랑 고모들 때문에 속상하다고 하시면서 말이죠. 아빠도 능력도 없이 아빠만 볶는 엄마가 짜증난다 하셨죠. 서로에게 애정은 없이 그냥 습관처럼 어쩔 수 없이 사는 엄마, 아빠 모습을 보면, 정말 꼭 결혼이란 걸 해야 하는지 회의가 들 때도 많아요. 제가 생각하는 '사랑과 결혼'이란 건 서로 아껴 주고, 보듬어 주고, 관심을 가져 주는 건데, 엄마 아빠는 오히려 서로를 미워하고, 밀어내고, 무관심하잖아요. 뭐, 제가 결혼하지 않는 것에 대해 꼭 부모님 핑계를 대려고 하는 건 아녜요. 그냥, 제 감정이 그렇다는 것뿐이에요.

사실 부모님뿐 아니라 TV 드라마 속 이야기는 물론, 잘났다 하는 유명인사들 결혼 생활도 별로 좋아 보이진 않아요. 남들에겐 잉꼬부부처럼 보이다가, 마치 뒤통수치듯, 우리는 세상을 속였다면서 이혼하고. 선배 언니나 오빠들도 만나면, 결혼식장에서는 마치 세상을 다 얻은 것처럼 행복해 하다가도 몇 년만 지나면 서로에 대해 험담하고 후회하고……. 정말 사람들이 왜 결혼들을 하는지 모르겠어요.

물론, 혼자 살다 독거노인이 되어서 아무도 모르게 임종하는 불행한 노인이 되고 싶다는 건 아니에요. 그렇지만 나중에 외롭지 않으려고 미리부터 힘만 드는 결혼생활을 할 만큼 무모하고 싶지도 않아요. 엄마는 위험한 일이거나 결과가 확실하지 않으면 아예 시작하지 말라고 교육시키지 않으셨나요? 제가 작가가 되려고 했을 때, 글 써서 어떻게 밥 먹고 사느냐고, 안전하게 공무원이 되라고 하셨고, 제가 아프리카에 나가 1년 봉사활동하겠다 했더니 그렇게 위험한 일을 왜 하냐고 하셨죠. 그런데 제가 보기엔 나쁜 결혼은 작가 생활이나 아프리카 봉사활동보다 훨씬 끔찍하고 위험해요. 엄마까지 결혼하라고 성화하지 않으셔도 제 머리는 이미 복잡해 죽을 지경이에요. 그러니 결혼 얘긴 이제 그만 좀 해 주세요. 제발!

결혼을 거부하는 자유로운
💬 ___ 딸 에 게

무엇보다 내가 무심코 결혼생활에 대해 불평하고 힘들다고 토로한 걸 네가 그렇게까지 마음에 담아두고 있는지 몰랐다. 나는 다른 사람에게 우리 가족 얘기를 하면 창피한 일이 새 나갈까 봐 너희들에게만 속내를 털어 놓은 것이었는데……. 어린 네게 너무 나쁜 영향을 준 것 같아 안타깝구나. 엄마, 아빠가 서로에게 불만도 물론 많았지만, 지나고 나면 좋은 일도 없진 않았는데 말이다. 좋았던 일은 그냥 당연하게 생각하고 나쁜 일들만 너희에게 이야기했으니, 정말 나쁜 부모였구나.

그래, 그래 놓고 이제 와서 너에게 결혼을 권하다니. 엄마로서 정말 그런 조언을 할 자격이 있는지 자신이 없구나. 엄마의 인생이 네가 보기에 그렇게 멋지진 않았을 거야. 남들에게 특별히 자랑할 거리도 없으니 말이다. 어떻게 보면, 그냥 평범하게 살다가 너희 남매 밖에는 별다른 흔적도 남기지 못하고 가는 인생이니, 너희들 눈에 한심하고 보잘 것 없는 부모로 보일 수도 있겠다 싶다.

그래도 한마디만은 했으면 싶구나. 우선, 엄마 아빠의 인생은 정말 눈에 띄게 화려하고 대단한 인생은 아니었지만, 나름대로 살 만하고 가치 있었다고 이야기하고 싶다. 물론 네가 말하는 성공은 아닐지 모르지만, 나름대로는 즐거울 때도 보람찰 때도 있었어. 특히 너희 남매를 낳고 키울 때, 정말 힘들고 지칠 일이 많긴 했지만, 그래도 가장 행복했던 것 같다. 단지 그런 고마운 마음을 너희들에게 잘 표현하지 못한 것 같아 많이 미안하구나.

엄마가 나이 들어 보니, 사람들 모두 각자가 다른 몫의 무게를 안고 세상에 태어나는 것 같다. 역사에 남는 일을 하는 사람들도 있겠지만, 엄마 같은 평범한 사람은 그렇게 좋은 머리나 재능을 갖고 태어나지는 못한 거 같아. 젊었을 때는 그게 다 부모 잘못 만나고, 제대로 배우지 못한 탓인 것 같았는데, 이제 나이가 좀 더 들다 보니, 그런들 뭐 그리 크게 달랐을까 하는 생각도 드는구나. 엄마는 그냥 이렇게 평범하게 사는 것도 속 편하고 좋단다.

그래서 하는 얘긴데, 네 아빠를 만났을 때, 사실 아주 굉장히 좋았던 건 아니었단다. 키가 큰 것도 아니고, 잘생긴 외모는 더더욱 아니고, 아니면 학벌이나 집안이 좋았던가, 그것도 아니고, 정말 혹할 조건은 하나도 없었지. 하지만 엄마도 내 자신이 보기엔 크게 미인도 아니었고, 능력이 있는 여자도 아니었고, 해서 그냥 이 정도면 내게 맞겠다 싶어 결혼했단다. 어쩜 요즘 젊은 사람들 눈에는 그게 자신감이 없어서 그런 거라고 보일지도 모르지. 엄마가 지금의 너만큼이나 자존심이 셌다면, 결혼을 하지 않을 수도 있었겠다. 하지만 엄마가 젊었을 때는 혼자 사는 여자의 삶은 결코 좋은 것이 아니어서, 그냥 부모님의 성화에 못 이겨 결혼한 면도 있어. 그래서 아마 결혼 생활 내내, 툴툴거렸을 수도 있겠고.

그런데 지금 생각해보니, 그때 엄마의 선택이 꼭 그렇게 잘못되었던 것은 아니라는 생각이 든단다. 운명이 내게 선물한 씨앗은 딱 지금만큼의 작은 꽃을 키우게 했던 것이 아니었을까. 크고 우람한 나무도, 화려한 장미도, 엄청나게 달고 맛있는 과일나무도 되지 못했지만…… 나이가 들고 보니 들꽃 한 송이도 엄마 눈엔 나름대로 예뻐 보인단다. 엄마의 이름 없는 삶도, 이름 없는 들꽃처럼 어쩌면 아무에게도 기억되지 못하는 삶일지 모르지만, 이런 삶을 이나마 꾸려나가게 도와준 너희 아빠와 너희들의 도움이 이제는 정말 고맙게 여겨진단다. 결혼이란 선택을 통해서 이 세상 누구보다 더 소중

한 우리 가족을 만나게 된 것보다 더 고마운 일이 있겠니. 너희가 이 세상에 없었다면 그동안 무슨 재미로 살았을까도 싶다.

지금까지 왜 이런 속내를 잘 표현하지 못하고 불평만 했을까. 그래서 네가 결혼을 주저하게 만들고, 참 미안하다. 어쩌면 그게 엄마 모습이겠지. 배운 것이 없으니까 휘청거렸고, 가진 것이 없으니까 빛나지 않다고 생각했었지. 빛나는 것만 감사하고 좋아한다면 이 세상은 눈이 부셔서 살 수가 없을지도 몰라.

그러니, 딸아. 엄마는 네가 시작하기도 전에, 결혼에 대해 너무 큰 환상을 갖거나, 그렇다고 자신 없어 하거나 삐딱하게 생각하지 말고 일단 경험을 해 보았으면 좋겠다. 결혼이란 씨앗이 어떤 꽃, 어떤 나무로 변할지 모르지만, 네가 얼마나 부지런하게 물 주고 거름 주고 돌보는지에 따라 생각지도 못한 기쁨이 될 수도 있단다. 의심으로 가득 차 아무것도 맛보지 못하는 것보다는 일단 저질러 놓고 후회와 고통과 불안으로 가득한 생활을 조금씩 더 나은 삶으로 바꿔 보는 게 어쩜 정말 진정한 인생이 아닌가 싶단다. 이 말은 사실은 너보다는 나 자신에게 해야 하는 말인 것 같구나. 지금까지 엄마는 그런 걸 알면서도 실천 못하고 세월만 한탄하고, 어쩜 너희 아빠, 너희 할머니, 할아버지 원망만 하고 살았던 건 아닌지. 그래서 네가 결혼이라는 시작조차 망설이게 한 건 아닌지. 정말 깊이 반성하게 되는구나. 미안하다, 내 딸아.

일생 함께할 짝을 만나려고 노력하지 않고 아예 포기하고 싶은 마음 속에는 혹시나 이 사랑이 진짜 사랑이 아닐지도 모른다는 두려움이 숨어 있다. 진짜 내 사람이라면 내가 가만히 있어도 먼저 다가와 내게 행복만 주겠지 하는 수동적인 태도가 숨어 있다. 잘못 사람을 선택해서 너무 아프게 다칠까 봐 만남 자체를 거부하기도 하고, 섣불리 호감을 표현했다가 자존심의 상처를 받을까 봐 불안해 포기하기도 한다. 이런 마음의 바닥에는 대부분 부모의 행복하지 못한 결혼 생활을 간접 경험함으로 인해 상처받은 어린 자아가 숨어 있다. 근거 없는 자신에 대한 낮은 자존감과 약한 자신감은 충분히 인생을 즐길 수 있는 기회를 박탈시킨다.

섹시한 이성의 필요조건은 자신감이다. 미남 미녀라도 자신의 몸과 마음에 대한 자신감이 없으면 찌질해 보인다. 외모가 출중하지 않지만, 자신감과 유머가 있는 사람은 멋져 보인다. 사랑하는 좋은 짝을 만나기 위해서는 자신에 대한 존중과 사랑이 먼저 전제되어야 한다. 사람들은 자신을 귀하게 여기는 사람에게 매력을 느낀다. 예컨대, 멋진 외모를 가졌지만 일상을 방치하고 자신을 학대하는 사람과 외모는 떨어지지만 자기 관리를 잘해서 건강한 몸과 마음과 실력을 가진 사람 가운데 누구를 짝으로 택하겠는가. 훌륭한 상대방을 만나기 위해서는 먼저 내가 훌륭해지기 위해 구체적으로 무엇을 할지 고민해 보는 것도 중요하다. 아무것도 하지 않고 있을 때 사랑하는 짝이 나타나는 것이 아니라, 누군가에게 베풀고 자신이 가진 것을 나누어 줄 때, 사랑하는 짝을 만날 수 있다. 모임에 지속적으로 열심히 나가고, 좋은 취미를 잘 유지해 나가고, 열심히 직장에서 자기 할 일을 하는 사람들이 사랑과 결혼도 무리 없이 잘하는 경우가 많다.

그럼에도 결혼생활과 자신의 일을 함께 하기 힘들다고 말하는 이들이 있다. 우선 결혼할 돈이 없다는 이유가 가장 흔하다. 예컨대 살 만한 집 한 칸 구하려면 월급을 몇 년 이상 모아야 되는데 어떻게 결혼을 하겠느냐고 말하고, 누가 나 같이 능력 없는 남자와의 결혼을 고려하겠느냐며 아예 포기해버리기도 한다. 여자들은 보통 처음에는 맞벌이를 하다가 출산 후 육아가 시작되면 병행하기 힘들어 휴직을 하게 되는데, 이처럼 경력 단절이 될까 봐 결혼을 하지 않겠다고 말하기도 한다. 남자나 여자나 결국 내 한 몸도 힘들어 죽겠는데 어떻게 결혼생활을 할 수 있겠냐고 반문하는 것이다.

따지고 보면, 그런 두려움은 과거 세대 역시 다 갖고 있었다. 신혼 초기의 어려움으로 따지자면 화장실도 없는 단칸방에서 연탄을 갈아가면서 힘들게 시작하거나, 시부모, 시누이, 시동생과 좁은 집에서 부대끼면서 시작하는 것이 보통이었으니, 과거의 신혼은 물리적 조건으로 보자면 훨씬 더 힘들었다고도 할 수 있다. 다만 과거엔 독신의 삶에 대한 상상, 그 자체가 거의 없었고, 그저 결혼은 모두 당연한 인생의 갈 길이라 생각했을 뿐이다. 결혼이 선택이 된 지금은 특히 자신의 부모가 행복하지 않은 결혼생활을 하는 것을 오랫동안 보고 자란 경우, 결혼생활에 대해 아예 회의적이고 거부를 한다. 과거엔 많은 여자들이 경제적으로 자립할 가능성이 적었고, 결혼하지 않은 자녀들을 부모들이 가만두지 않을 정도로 부모들의 힘이 셌지만, 지금은 여자들도 충분히 혼자 살 만하고, 부모가 강제로 자녀들을 결혼시킬 수 있는 시대도 아니다. 결혼에 대한 회의와 불신이 크다면, 아무도 결혼을 강요할 수 없는 시대인 것이다.

따지고 보면 결혼에 대한 두려움의 원인은 경제적인 것보다는 심리적인 것이 훨씬 더 크다. 진심으로 사랑에 빠지면 컵라면 하나를 먹어도 맛이 있지만, 미워하는 상대방이 강요하는 호화로운 만찬은 그저 역겹기만 하지 않은가. 젊은이들이 결혼을 두려워하는 이유 중 하나는 컵라면 하나를 먹어도 맛이 있을 수 있는 사랑에 대한 확신이 없어서일 수 있을 것이다. 연애와 다르게 결혼은 사랑이 전부가 아닌 생활이라는 점을 잘 모른다.

열정적인 사랑을 해 보겠다고 하면서 속박은 싫다고 말하는 이들이 있다. 결혼을 선택한다면 불가능해 보이는 꿈이다. 열정이란 기존의 생활방식, 가치관, 습관 등을 버리고 완전히 새롭게 변하는 아주 불안정한 상태를 초래할 수 있다. 결혼은 그런 불안정한 상태를 안정적인 상태로 끌어내리지만, 그 순간 열정은 또 사라질 수밖에 없는 게 인생의 아이러니이다. 그러나 누군가를 사랑하면서 그런 열정을 너무 오랫동안 느낀다면, 마치 오르가즘 상태나 발기가 너무 오래 지속되어 응급실을 찾아야 하는, 고통스러운 동시에 부끄러운 환자 같이 될 가능성도 없지 않다. 뜨거운 사랑이 주는 흥미로운 삶도 너무 오래 계속되면 몸과 마음을 지치게 한다. 그러면 정상적이고 평온한 인생에 다시 닻을 내리고 싶어지는 것이 사람의 마음이다. 열정과 동반하는 불안을 치료해 주는 것은 결국 불편하긴 해도 안정감을 느끼게 해 주는 속박일 수도 있다. 그러니 속박이 싫다는 것은 불안의 해결책을 거부하는 것이고, 해결책 없이 너무 오랫동안 방치된 불안은 닻을 내리지 못한 채 의미 없이 소멸되기도 한다. 스스로 사위어버린 열정 후에 남는 것은 무엇이겠는가. 자기 성찰에서 비롯한 깨달음과 독립으로 이어지면 좋으련만 젊어서 열정적인 사랑을 희구했던 사람이 그런 깨달음에 도달할 가능성은 크지 않다. 정착하지 않는 사랑만을 추구했던 이들이 나이가 들면 외로움과 무의미함으로 우울감에 빠지는 이유다.

열정적인 연애 끝에 결혼을 네 번이나 했지만 결국 스님이 되었던 20세기 초 신여성 일엽은 결국 부처님의 제자가 되었다. 결혼의 달인 엘리자베스 테일러는 열정이 사라지면 곧 결혼생활도 끝냈지만 늘 행복하진 않았다. 열네 살 소녀부터 자기보다 어린 청년까지 여러 상대와의 염문을 뿌렸던 바이런은 결혼 후에도 문란한 생활을 이어가다가 결국 영국을 떠날 수밖에 없게 된다. 전쟁통에 열병에 걸려 죽은 후에도 영국의 교회들은 그의 장례식을 거부했다고 한다. 당대의 위대한 시인도 그럴진대, 평범한 사람들이 가족에 대한 어떤 종류의 책임감도 거부한다면, 마침내 시간이 흐른 뒤 어떤 모습의 노년을 보내게 될지 걱정하는 것도 아주 일리가 없지는 않다.

2_ 아직 그대는 환상 속에 있다

내겐 너무 이기적인 남편

팡세 471

_ 파스칼

사람들이 내게 집착한다는 것이 내게는 못마땅하다. 비록 그들이 자발적으로 기쁜 마음에서 집착하더라도 그렇다. 나는 내가 그런 욕망을 불러일으키게 한 사람들을 잘못 인도하게 될 것이다. 왜냐하면 나는 어떤 사람의 목적일 수도 없고, 그들을 만족시킬 아무것도 갖고 있지 않기 때문이다. 나는 어차피 죽을 몸이 아닌가. 그렇다면 그들의 집착의 대상도 죽어 버리는 것이다. 그러므로 비록 내가 올바른 방법으로 사람들을 설득하고, 그들도 그것을 믿는 것이 즐겁고 나도 그에 기쁨을 느낀다고 하더라도 내가 그들에게 거짓을 믿게 한다면 죄를 면할 수 없는 것과 마찬가지로 사람들의 마음을 끌어 나를 사랑하게 하는 것도 죄악이다. …… 그들은 신을 즐겁게 하고 신을 추구하는 데에 자기들의 생애와 온갖 노력을 바쳐야 하기 때문이다.

자신의 취미가 가족보다 더 소중한 남편에게
✉ ___아내가

당신이 이번에도 또 외국 출장길에 피규어를 가방 하나 가득 사갖고 와서 방 안 가득 진열해 놓는 모습을 보니 정말 기가 막히네. 얼마 전에는 터무니없이 비싼 필기도구를 사서 좋아라 하더니. 이제 겨울이 오면 또 스노우보드 타겠다고 스키장에 가겠지.

당신이 그 화려한 취미생활을 할 때마다 나는 솔직히 숨이 막혀. 아직 월세 집을 살고 있고, 마이너스 통장도 여전히 남아 있고, 미래를 생각해 적금 하나 들을 수 있는 처지도 아닌데, 어떻게 그렇게 비싼 취미만 계속 즐기는지……

물론 당신이 부잣집 아들이란 것 알고 있어. 부모님께서 지금 당장은 해 주지 않으시겠지만, 어느 시점에는 많이 도와주시겠지. 하지만 부모님이 빨리 돌아가시라고 우리가 고사를 지낼 수 있는 것도 아니고, 그분들 돈이니 그분들이 돌아가실 때까지 쓰고 싶은 만큼 쓰고 가시는 게 맞는 얘기 아닌가.

당신이 아무 대책 없이, 별다른 미래에 대한 계획도 없이, 그냥 예전에 부잣집 아들로 살던 식으로 결혼하고 나서도 죽 이어서 사는 게 정말 나는 너무 화가 나고 걱정이 돼. 당신이 도대체 언제쯤 가장으로서 책임 있게 살기 시작할까.

미래 계획만 세우고 있는 아내에게
〇_ _ _ **남편이**

아. 내가 취미 생활에 몰입하는 것이 당신 눈에는 낭비이고 사치로
보이나 보네. 어려서부터 부모님이 바빠 집에 안 계실 때가 많아서
혼자 뭐든 했어야 했기 때문에 내게는 나 혼자 하는 모형 만들기,
그림 그리기 같은 취미 생활이 내 인생의 가장 중심이었어. 그리고
지금도 그렇고. 그런데 내 마음을 당신이 그렇게 이해하지 못하리라
고는 생각 못했어.

　물론 당신 말대로 우리가 지금 마이너스 통장도 있고 집 한 칸
없는 것은 맞아. 하지만 내가 열심히 벌고 있잖아. 그리고 당신도 벌
고 있고. 일단은 둘이 버는 것으로 병원도 여행도 못 갈 정도는 아
니잖아. 나는 최선을 다해서 일을 열심히 하려고 노력하고 있어. 전
문직을 가진 당신은 자기 일에 보람이 있고 재미있을지 모르지만,
그냥 사무실에 앉아 위에서 시키는 일만 하며 그냥 조직의 한 톱니

바퀴처럼 지내야 하는 내게 취미는 일종의 위안이고, 살아가는 의미야. 취미생활이라는 쉼터가 없으면 나는 그냥 숨이 막혀서 죽을지도 몰라. 내가 지금까지 그래도 쉬지 않고 직장에 나가는 가장 큰 이유는 나 혼자 있을 때 내가 하고 싶은 것 할 수 있는 최소한의 돈은 마련이 된다는 점 때문이지.

당신은 지금 우리가 월세아파트 살고 있고, 특별히 미래에 대한 대책도 계획도 없어서 불안하다고 했지. 나는 반대로 미래에 저당 잡혀서 지금 정말 무의미하고 재미없게 인생을 산다면 내 존재 전체가 불안할 것 같아. 너, 도대체 왜 사냐, 그게 사는 거냐, 하고 말이야.

당신이 예쁘고 고급스러운 그릇이나 인테리어에 관심이 많고, 몇 달에 한 번 가는 비싼 뮤지컬과 콘서트가 아름다운 추억을 선물하듯이, 내겐 혼자 잘 만들어 내는 모형과 그림도구와 스노우보드가 중요하거든. 우리, 서로의 취미에 대해 좀 존중하면서 살 수 없을까?

당신이 지적한 대로 어쩌면 내가 부자인 부모를 믿고 이러고 사는 것인지도 몰라. 실제로 돌아가시기 전에 조금은 미리 물려주신다고도 했고. 다만 그분들은 손주를 낳아 주는 것을 조건으로 걸고 주신다고 하잖아. 한데 당신은 미래가 불안해서 아이를 낳을 수 없다고 하고. 그렇다면 그분들은 돌아가실 때까지 아마 우리에게 한 푼도 주지 않으실 거야. 그런데도 자꾸 생활비가 모자라다며 아이를 낳지 않겠다고 하는 당신이 나는 사실 더 이해할 수가 없어.

배우자의 취미, 재정 계획 등이 서로 달라 부딪치는 부부도 사실 적지 않다. 사람들의 취미는 다 조금씩 달라서, 같은 기호를 갖고 있지 않다면, 도대체 왜 저런 것을 좋아할까 의아해 하는 경우가 많다. 예컨대 암벽타기를 좋아하는 사람들은 가만히 앉아 뜨개질하는 이들의 마음을 도저히 공감할 수가 없을 것이다. 조용히 앉아 음악을 듣거나 책을 읽기 좋아하는 사람들은 시끄럽게 소리 질러대며 운동하러 몰려다니는 이들이 편치 않을 것이다. 문제는 남녀가 연애를 할 때는 자기와는 완전히 다른 취미와 인생관을 갖고 있는 이들에게 끌린다는 것이다. 자신의 정적인 생활에 균형을 맞추어 줄 것 같은 동적인 배우자를 선택하지만, 막상 함께 살다 보면 바로 그런 매력적인 다른 점 때문에 또 부딪칠 수가 있다.

또, 미래 지향적인 사람과 현재 중심적인 사람이 만나면 전자는 어느 기간까지는 자꾸 취미를 보류하라고 할 것이고, 후자는 미래를 위해 현재를 희생하자는 배우자에게 숨 막힐 것 같다는 이야기를 반드시 하게 된다.

이런 차이는 서로 타협하고 양보하는 것이 물론 가장 좋은 해결책일 것이다. 하지만 근본적으로는 새로운 취미에 도전해 보거나, 지금까지와는 전혀 다른 인생관을 겪어 보려는 태도 자체가 자신을 성장시킨다는 사실을 환기시킬 필요가 있다. 지나치게 계획 없이 사는 인생도 문제가 많지만, 또 지나치게 무미건조하게 살면서 오로지 미래를 위해 아끼는 것만 의미 있다고 생각하며 사는 인생 또한 문제가 있다.

더 파고 들어가면 취미생활에 들어가고 미래를 위해 저축하는 '돈'이 갖고 있는 심리적인 의미, 즉 힘, 애정, 든든한 뒷심, 안정감 등에 크고 작은 이슈들이 숨어 있다는 사실을 알아야 한다. 취미생활에 돈을 너무 많이 쓴다고 불평하는 아내의 진심은 '왜 내게는 관심을 기울여 주지 않고, 또 함께 무언가를 하지 않고, 항상 따로 놀기만 하느냐'에 있을지 모른다. 반면 미래에 대한 계획을 세우기를 거부하는 남편의 진심은 '당신과 언제까지 함께 살 수 있을지 모르겠어. 항상 불평불만에 내 인생을 간섭만 하니까. 당신하고 함께 아무 재미도 없이 돈만 생각하며 미래를 계획하는 시간에 차라리 내 취미를 누리며 사는 게 훨씬 덜 시간낭비야'일 수도 있다. 서로의 취미를 존중해 주지 않는 부부, 또 돈에 대한 가치나 계획이 다른 부부들의 속내가 실은 여러 가지 불협화음으로 가득 차 있다는 뜻이다. 이런 문제의 뿌리는 인식하지 못하고 단순히 취미생활, 재정관리 등만을 갖고 서로 다투면 부부간의 골만 더 깊어진다.

실제로 행복한 가족들을 보면 번듯한 외적 조건 덕분에 행복하게 사는 것은 아니다. 그들은 함께 있을 때 즐거운 무언가를 공유한다. 함께 맛있는 걸 먹으면서 이야기도 재미있게 하고 잘 논다. 사람들은 행복의 조건으로 거창하고 특별한 무언가를 상상하지만, 사실은 아주 단순하고 쉬운 실천이 사람에게 즐거움을 주는 것이다. 생활비를 누가 더 버느냐, 왜 시가에 혹은 친정에 썼느냐, 쓸데없는 취미에 낭비한다, 내 돈이니까 쓴다, 하는 등 돈 문제에 집착하다 보면 사랑은 간 데 없고 환멸과 미움만 남을 수 있다. 돈이 대개 사랑의 표현으로 치환되기 때문에 서로의 씀씀이에 대해 예민해지고 강퍅해진다면 둘 사이의 사랑도 거의 소진되었을 가능성이 높다. 가족은 이용가치가 없어도 쉽게 떠날 수가 없으므로 항상 에너지를 재충전하고 관계를 돈독히 할 수 있는 방법을 잘 궁리해야 한다.

그리고 사랑할수록 자신과 상대방의 친구와 취미를 잘 챙겨야 한다. 자신의 사생활 없이 오로지 상대방만 보며 살다 보면, 서로의 살을 뜯어 먹고 있는 것처럼 느껴질 때가 있을 것이다. 충전은 바깥에서 하고, 연인끼리는 충전된 에너지를 나누는 것이 훨씬 더 풍성한 인생이다.

옛길에 집을 짓고

_ 허난설헌

옛길에 집을 짓고
날마다 흐르는 큰 강만 바라보네
거울에 비치는 새도 늙어가고
꽃밭의 나비도 이미 가을이네
찬 모래, 기러기 낮게 날고
저녁 비에 배 한 척 돌아오니
하룻밤, 창 닫고 나면
노닐던 그 시절 생각나 어찌할까.

튀는 아내를 감당하기 힘든 남편이

✉ _ _ _ 아 내 에 게

여보, 우리가 결혼을 하긴 했지만, 나는 문득문득 정말로 우리가 부부인가 하는 회의가 들 때가 있어.

당신은 무슨 모임이든 가면 화려한 옷차림과 화술로 남자들의 관심을 끌려고 하는 것 같고, 직장에서도 언제나 사람들이 부러워하는 대상이 되어야 하지. 물론 당신이 워낙 아름답고 뛰어난 여성이라는 점은 내가 인정하겠어. 게다가 당신은 유머감각도 좋고 성격도 좋지. 당신 옆에 있으면 항상 웃을 일도 많고, 총각 때는 당신 덕에 나 자신까지 멋지게 변하는 것이 참 좋았어. 어쩌면 그렇게 빛나는 당신이 나 같이 별다른 배경도 아주 탁월한 능력도 없는 남자와 결혼을 했다는 것 자체가 다른 사람들 눈에는 미스테리일 수도 있을 것 같네.

그래서 그런지 당신이 빛나면 빛날수록 나는 한쪽 구석에 처박혀 있는 느낌이 들기도 해, 당신이 아주 멀리 다른 세상에 살고 있는 것 같을 때도 많았어. 이런 이야기를 하는 날 보고 남자답지 못하다고 당신이 뭐라 할지 모르겠네. 하지만 당신이 많은 사람의 연인이 아니라 나만의 여자가 되었으면 하고 바라는 내 마음이 이상

한 걸까.

만약 내가 당신을 놔두고 다른 여성들과만 재미있게 지난다면 당신도 혹시 마음이 불편해지지 않을까 짐작해보곤 했어. 그래서 일부러 당신 앞에서 다른 여자들과 친한 척이라도 해 보면 어떨까 상상한 적도 있고. 그런데 그런 생각 자체를 하는 나 자신이 너무 찌질한 것 같이 느껴지더라고.

나는 세상 어떤 관계보다 우리 관계가 제일 중요하고, 그래서 당신이 나보다 주변 사람들부터 먼저 챙기고 재미있게 지내는 것이 서운할 때가 많은데, 이런 마음을 당신이 이해해주기란 정말 힘든 건가.

답답하게 살고 싶지 않은 아내가

⊙ _ _ _ 남 편 에 게

자기가 날 위해 이런저런 걸 많이 챙겨 주는 것, 항상 고맙게 생각해. 세상의 어떤 남편이 그렇게 자상할까 싶게 나한테 잘 해 줄 때가 많지. 꼭 망아지처럼 뛰는 내가 그래도 당신의 든든한 배려로 이 험한 세상을 버틸 수 있겠지.

2_ 아직 그대는 환상 속에 있다

한데 난 당신하고 달라서 집 안에서 가만히 있으면 숨이 막히거든. 이리저리 돌아다니면서 사람을 만나야 뭔가 살아 있는 것 같거든. 난 오히려 당신이 너무 자기만의 세계에 빠져서 혼자 방 안에 있는 것을 보면 가끔 답답할 때가 많아.

어렸을 때는 우리 아버지가 너무 많이 돌아다니시느라 엄마랑 우리를 내버려 둘 때가 많아서, 꼭 자상한 남편이랑 결혼하겠다고 생각했었거든. 그래서 당신이 더 좋았던 것이고. 한데 막상 같이 살아보니까 또 이번에는 아버지랑 너무 다르게 밖에 잘 안 나가고, 기껏 무엇을 할 때에도 꼭 나하고만 하려고 하는 당신이 너무 버겁네. 조금 더 활발하고 남자답게 살면 안 될까.

그리고 내가 사회생활 하는 것은 좀 그대로 내버려 두면 좋겠어. 부부가 오래 함께 행복하게 살려면 서로 상대방의 인생방식을 존중해 줘야 한다고 믿거든.

능력도 있고 멋있고 유머 감각까지 갖춘 여성인데 단, 한 남자와의 안온한 생활만은 강력하게 거부하는 이들이 있다. 그리스 아르테미스 여신의 화신 같은 여성들이다. 아르테미스 여신의 어원은 아르크토스arktos, 즉 곰이다. 단군신화에 나온 곰은 마늘과 쑥을 먹고 길들여졌지만, 그리스 신화 속 아르테미스는 길들여짐을 거부하고 사랑을 나누려 하지 않는다. 그녀에게 구애했던 강의 신, 알페우스를 속이기 위해 얼굴에 흙을 칠하는 정도는 약과다. 그녀의 벌거벗은 몸을 훔쳐봤던 악테온은 사슴으로 변해 자기가 기르던 사냥개에게 죽임을 당하게 한다. 아도니스는 아르테미스보다 자기가 더 나은 사냥꾼이라고 자랑했다는 죄로 곰을 보내 죽게 한다. 아르테미스와 사냥꾼 친구가 되어 같이 다녔던 오리온 역시 어떤 판본에서는 아르테미스가 직접, 다른 판본에서는 전갈로 죽여 버린다. 사냥꾼, 야생동물, 처녀성, 야생성의 여신 아르테미스는 왜 이렇게 만난 남자들을 다 죽이는 것일까. 아르테미스는 태생적으로 남자에게 길들여져 사랑을 완성하거나 가정을 이룰 의지가 없으므로 누구든 자신을 속박하려는 남자를 견디지 못하고 죽여 버리는 것이다.

특히 여성의 자연스러운 자기실현을 강조하는 21세기에는 길들여

지지 않는 아르테미스 같이 매력적이지만 한 남성에게 종속되는 것을 거부하는 여성들이 적지 않다. 《아내가 결혼했다》의 여주인공처럼 아예 대놓고 나는 당신의 여자로 남기 싫고, 내 인생은 내가 결정한다고 말한다. 쫓고 쫓기는 게임을 포기하는 순간, 아르테미스는 사랑이 시들하고, 또 다른 사냥감을 찾아 거리를 헤매게 된다. 그러나 매우 가정적이고 헌신적인 '착한 남자'들은 이런 자유로운 여자의 선택을 도대체 이해할 수가 없다. 사랑한다면 열일 제쳐 놓고 오로지 한 상대에게만 충실하고 몰입하는 것이 착한 남자들의 특징이다. 연애사냥은 남자만 하는 것이 아니라, 여자도 즐긴다. 자유로운 사냥을 방해하는 어떤 남자들도 죽일 수 있는 것이 아르테미스적 여성이다. 결국 순하고 헌신적인 착한 남자는 아르테미스 형 여성들에 의해 제거되거나, 혹은 폭력적이고 의심 많은 의처증 환자가 되기도 한다. 아르테미스 형 여자는 똑같이 사냥꾼인 오리온 같은 남자를 만나야 바람기가 가라앉기도 한다. 남자가 한눈파는 것을 보고, 상처받으면 비로소 거울로 자기를 보고 어떤 사람인지 깨달을 수 있게 되는 것이다.

그렇다면 우연히 내가 사랑에 빠진 여자가 아르테미스 같은 사냥꾼이고, 나는 착한 남자라면, 나도 그녀처럼 사냥꾼으로 사는 것이 과연 정답일까? 꼭 그렇지는 않다. 착한 남자는 자신의 자유로운 영혼을 무의식에 꽁꽁 억압해 놓았을 가능성이 오히려 많기 때문이다.

예컨대 어머니나 아버지 중 하나가 바람 피우는 것 때문에 어린 시절 너무 깊은 마음의 상처를 받았다면, 나는 절대로 그렇게 살지는 않겠다고 결심하고 또 결심해서 착한 남자가 될 수도 있다. 또, 어느 한 사람에게도 제대로 된 사랑을 충분히 받지 못하고 성장하다가, 마침내 어떤 여성에게서 순간의 황홀경을 경험하면, 완전히 새 세상을 만난 것 같이 느낀다. 그동안 경험해 보지 못한 사랑의 감정을 느끼게 해 준 그 여성에게 당연히 올인해, 극진하고 헌신적인 착한 남자가 되는 것이다. 다행히 그 여성 역시 상대방에게 올인하면 좋으련만, 아르테미스처럼 한눈파는 자유로운 영혼이라면, 남성의 몰입이 부담스러울 것이다. 자기에게 새 세계를 열어 준 여성이 자꾸 내 품에서 빠져 나가면, 마치 세상이 무너지는 듯 절망감에 빠져, 상대방이 나를 좋아하든 싫어하든 자꾸 집착하게 된다. 착한 남자가 스토커로 변하는 역동이다.

그러니 아르테미스 형 여자에 빠져 정신을 못 차리고 있다면, 여자를 잡으려 하기 전에, 왜 내가 저 여자에게 집착하는지 먼저 분석해 보자. 여자가 사라져도 세상은 굴러가고, 내 인생은 계속된다. 아르테미스 형 여성이라면, 신화의 한 장면처럼 그 벗은 몸이 아무리 아름다워도, 훔쳐보는 것만으로 갈갈이 찢겨 죽을 수 있다. 아무리 사랑이 강력하더라도 차라리 다른 여성과 사는 게 내 신상에 이로울 것이다. 어떤 대상에 대한 열정이 자기 자신의 존재 전체를 위협한다

2_ 아직 그대는 환상 속에 있다

면 그 열정은 자기 파괴적인 불꽃일 뿐이다.

그럼에도 불구하고 절대로 이혼할 수는 없다고 생각한다면, 자신의 무의식 속에 있는 여성성 중 아르테미스적 측면을 활성화활 필요가 있다. 즉 아내보다 더 자유롭고 더 분방한 삶을 살면서 아내가 그런 배우자와 함께 살 때 어떤 기분이 드는지 느껴 보게 하는 것이다. 일종의 거울 기법이다. 처음에는 좀 어색하겠지만, 무의식 속에 있는 또 다른 자기를 발견하면서 자유로움을 느낄 수도 있다.

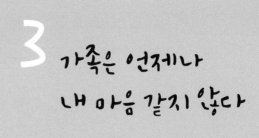

3 가족은 언제나
내 마음 같지 않다

가족에겐 심안통心眼通이 없다

남신의주 유동 박시봉방

_ 백석

어느 사이에 나는 아내도 없어지고, 또,

아내와 같이 살던 집도 없어지고,

그리고 살뜰한 부모며 동생들과도 멀리 떨어져서,

그 어느 바람 세인 쓸쓸한 거리 끝에 헤매이었다.

......

나는 내 슬픔이며 어리석음이며를 소처럼 연하게 새김질하

는 것이었다.

내 가슴이 꽉 메어올 적이며,

내 눈에 뜨거운 것이 핑 괴일 적이며,

또 내 스스로 화끈 낯이 붉도록 부끄러울 적이며,

나는 내 슬픔과 어리석음에 눌리어 죽을 수밖에 없는 것을

느끼는 것이었다.

그러나 잠시 뒤에 나는 고개를 들어,

허연 문창을 바라보든가 또 눈을 떠서 높은 천정을 쳐다보

는 것인데,

이때 나는 내 뜻이며 힘으로, 나를 이끌어 가는 것이 힘든 일인 것을 생각하고,

이것들보다 더 크고, 높은 것이 있어서, 나를 마음대로 굴려 가는 것을 생각하는 것인데,

이렇게 하여 여러 날이 지나는 동안에,

내 어지러운 마음에는 슬픔이며, 한탄이며, 가라앉을 것은 차츰 앙금이 되어 가라앉고,

외로운 생각만이 드는 때쯤 해서는,

더러 나줏손에 쌀랑쌀랑 싸락눈이 와서 문창을 치기도 하는 때도 있는데,

나는 이런 저녁에는 화로를 더욱 다가 끼며, 무릎을 꿇어 보며,

어느 먼 산 뒷옆에 바위섶에 따로 외로이 서서,

어두워 오는데 하이야니 눈을 맞을, 그 마른 잎새에는.

쌀랑쌀랑 소리도 나며 눈을 맞을,

그 드물다는 굳고 정한 갈매나무라는 나무를 생각하는 것이었다.

화가 나면 입을 닫는 남편에게

✉ ＿＿＿ 아내 가

남들은 별것 아니라고 말할지 모르는 이런 문제로 이렇게 심각하게 편지를 쓰는 내가 어쩌 보면 좀 별나고 우스운가 하는 생각이 먼저 들지만, 어쨌거나 내 속을 좀 이야기하는 게 맞을 것 같아 편지를 써요.

우선, 처음 당신과 연애할 때 당신의 과묵한 모습이 참 매력적이었다는 사실부터 먼저 얘기하고 싶네요. 항상 잔소리 많고, 특히 술만 마시면 주사가 심했던 아버지에 비해 당신은 항상 점잖고, 정말 꼭 필요한 말만 해서 정말 남자답다는 생각을 했었지요. 나보다 훨씬 나이도 많고 해서 정말 나는 내가 진심으로 존경하는 사람과 결혼했다고 믿었어요.

그런데 결혼하고 보니, 당신의 그 과묵함이 때론 나를 정말 미치게 만들 수 있다는 것을 알게 되더군요. 내가 뭔가 불만의 말을 하면, 당신은 보통 묵묵부답이어서, 때론 날 정말 무시한다는 생각이 들었어요. 또 정말로 화가 나면 한 달이고 두 달이고 입을 열지 않으니 함께 사는 사람은 정말 미칠 노릇이지요.

지금부터는 제발 당신이 침묵으로 나를 벌주지 말고 도대체 왜 화가 나는지, 당신이 과연 무슨 생각을 하는지, 좀 자세하게 설명해 주면 좋겠어요. 그래야 내가 어떻게 바꾸어 나갈지, 또 우리가 어떻게 맞춰 나갈지 알게 되지 않겠어요? 정말 요즘 같아서는 화가 나서 정말 속이 뻥하고 터져 버릴 지경이예요.

사실 우리가 언제 싸움을 했었는지, 기억이 가물가물하네요. 어떤 때는 너무 숨이 막히고 답답해서 차라리 소리 지르고 집어던지며 싸우는 부부들이 더 부러워요.

처음에는 당신이 조용하고 점잖아서 나랑 싸우지 않으려 하는 줄 알았죠. 근데 내가 뭔가 불만을 얘기하면 내 곁을 벗어나 슬쩍 사라지는데, 정말 화가 많이 났었어요. 뭐든 결론을 내야 하는데, 내가 말만 꺼내면 그냥 그 자리를 피하려고만 하니. 얼마나 답답한지 당신이 내 마음을 아는지 모르겠네요.

물론 부부가 점잖은 말만 주고받고 서로 사랑한다는 말만 하면서 살면 너무 좋겠지만, 때론 기분 나쁜 얘기도 오갈 수 있고, 그러다 좀 티격태격 해야 서로 친해지고 사랑하게 되는 거 아닌가요? 그런데 당신은 도대체 내가 조금만 목소리를 높이면 아예 자리를 박차고 일어나니 이건 꼭 나를 무시하는 것 같고, 그렇게 자꾸 겪다 보니, 이젠 나도 당신에게 속상한 말을 아예 건네지도 않게 되네요. 어차피 그렇게 사는 게 부부지, 하면서도 한편으로는 참 답답하고 회의도 들고. 그러다 보니 자꾸 아이들에게만 짜증이 나고, 이러다

3_ 가족은 언제나 내 마음 같지 않다

우리 부부뿐 아니라 애들도 피해를 보겠구나 하는 생각이 들어서 이렇게 내 마음을 여는 거예요. 정말 왜 그렇게 나하고 말 섞기가 싫은 거예요, 여보. 부부는 서로 소소하게 싸우면서 그렇게 사랑이 깊어지는 거 아닐까? 정말 차라리 싸움이라도 했으면 좋겠어요.

대화가 불가능한 아내에게

💬 ＿＿＿ 남편이

내가 말을 하지 않는 것이 그렇게 당신을 화나게 하는 일인지 미처 생각지 못했다는 점 우선 사과할게. 나는 다만 때론 우리가 말하는 대화들이 과연 무슨 의미가 있는지 회의가 들 때가 많았다는 점이 이유임을 굳이 밝히라면 밝힐 수 있을 것 같아.

물론 당신과 대화로 이런저런 오해를 풀면서 그간의 감정을 정리해 보는 게 의미가 있다는 것을 나도 알고 있지. 하지만 당신과 이야기하는 것 자체가 나에겐 너무 감당 못할 정도로 불쾌하게 된 것도 솔직한 심정이야. 내가 이야기를 꺼낼 때마다 말을 자르고 당신의 의견부터 장황하게 늘어놓는 당신의 습관, 또 내 의견에 대해 무시하고 평가하고 비난하는 당신의 태도가 바뀌기 전까지는 당신과 길게 이야기하고 싶지 않아.

아, 그렇다면 왜 그런 이야기를 진즉 솔직하게 털어놓지 않았느냐고? 당신은 기억하지도 못하겠지. 왜냐면 내 이야기를 듣지 않았으니까. 내가 무슨 말을 하려고 할 때마다 자기 생각에 사로잡혀서 당신이 하고 싶은 이야기만 줄줄 꺼내놓은 당신이 내 감정을 정말 살펴 주었을까? 아니었을 걸. 처음엔 그런 당신과 싸워 보려고도 했고, 한편으로는 이혼하려고 마음도 먹었었지. 그렇게 망설이다 보니 세월이 가서 아이들도 생기고, 이제 와서 이혼한다는 것이 무슨 의미가 있는지 웃기는 일인 것도 같고. 그렇게 세월이 간 것뿐이야.

물론 당신에게 내 걱정과 감정들을 다 이야기하고 풀 수 있으면 너무 좋겠지. 나도 처음엔 그러고 싶었어. 여보. 하지만 내가 무슨 얘기를 당신한테 하면 당신은 알게 모르게 왜 그런 것 하나도 제대로 못해, 남자가 돼 가지고? 하는 식으로 기분 나쁘게 반응한 적이 많았어. 물론 남자가 그런 걸 꽁하게 마음에 품고 있다고 또 뭐라 하겠지. 하지만 내가 그런 사람인 걸 어떻게 해. 당신 앞에서 나는 기가 죽을 때가 많아. 하지만 부모님이나 형님은 내가 무슨 상의를 하면, 일단 아무 얘기하지 않으시다가 해결책을 알려 주거나 위로의 말씀 해 주시지. 당신 앞에선 나는 항상 재판 받는 느낌이고, 부모나 형 앞에서 항상 우군과 상의하는 기분이 들어. 그게 내 술

직한 심정이야. 이제부터는 나도 당신과 상의를 하려고 노력은 할게. 당신도 내 말을 들을 때 따지려 들지 말고 그냥 같이 노력할 길을 찾아 주면 안 될까?

사실 그동안 당신이 내게 무언가 할 말이 많다는 것, 몰랐던 건 아니야. 당신 말대로 부부가 서로에게 속 감정을 다 나눌 수 있으면 그보다 더 좋은 건 없겠지. 그런데 신혼 시절부터 내 마음은 헤아려 주지 않고 당신이 내게 한 직설적인 말들, 또 내가 말을 하면 딱딱 잘라 버리고 자기 말만 하는 당신의 습관을 보면서 당신은 아마 변하지 않을 거라는 생각을 언제부터인가 하게 된 것 같아. 당신은 대화라 하지만, 언제나 당신은 옳고 나는 뭔가 잘못한 사람이 되는 그런 비난받는 시간은 내겐 참 고통스런 시간이라고.

그럼 다시 나보고 왜 솔직하게 그런 이야기를 하지 않았느냐고 반문하겠지. 당신은 기억하지 못하지만 나도 처음엔 왜 시도를 하지 않았겠어. 하지만 생각 없이 속사포처럼 일단 말부터 꺼내는 당신과 달리 내 생각이 정리되어야만 말을 하는 나는 처음부터 당신과 대화를 공평하게 할 수 있는 입장이 아니란 느낌이 들었어. 당신은 한 번도 내 말을 들으려고 기다려 준 적이 없고, 왜 말을 하지 않느냐고 닦달만 하니. 나는 더 말이 막혔어.

특히 내가 더 못 견디겠는 것은 당신이 격해질 때 주로 레퍼토리로 삼는 나나 우리 집 부모 형제들에 대한 인신공격이야. 물론 당신

집보다 우리 본가가 못 살고, 못 배웠다는 것은 나도 인정하겠어. 그러니 당신 눈에는 참 허접하고 못나 보이겠지. 하지만 잘사는 당신 집 식구들에 비해 우리 집 식구들이 특별히 못나서 부유하지 않게 산다고는 생각하지 않아. 당신이나 당신 부모 형제들은 마치 가난한 사람들은 다 무능한 거고, 누리고 잘사는 사람들은 유능한 것처럼 툭툭 내뱉지만, 만약 그렇게 뼛속 깊이 믿고 있다면 나는 당신이란 사람을 진심으로 사랑할 수 없다고 생각해. 지난 수십 년 동안 얼마나 많은 사람들이 편법으로, 부정부패로, 또 운으로 재산을 모았는데, 당신네 식구들이 어쩌다 보니 잘살게 되었다고 해서 운 없이, 또 시류를 잘 읽지 못해, 또 조상 대대로 가난만 대물림되어서 못살게 된 사람들을 무시하고 함부로 대하는 건 옳지 않다고 생각해.

언젠가 당신이 내게 그건 내 자격지심이라고 한 적이 있었지. 물론 자격지심일지도 모르지. 하지만 만약 그렇다면 더욱 더 조심해야 하는 게 부부 사이의 예의 아닐까? 당신이 내가 자격지심이 있고, 우리 집 식구들이 아픔이 있다는 걸 안다면, 더욱 더 조심해야 하지 않을까. 우리 부모 형제는 내 뿌리니까. 내 뿌리를 함부로 대하는 당신과 사실 말을 섞어야 된다는 사실 자체가 나는 참 힘들고 솔직히 싫어. 그렇다고 그런 내 감정 때문에 이제 와서 갈라설 수는 없는 노릇이고. 그러니 당신이 눈썹을 세우며 무언가를 말할 때 그냥 그 자리를 피하는 것 말고는 내가 할 수 있는 일이라곤 없는 듯해.

화가 날 때 말하지 않아도 상대방이 풀어 줄 방법은 없다. 상대방은 독심술사가 아니다. 가장 이상적인 방법은 물론 이러저러해서 화가 났다고 말하고 상대방은 아, 얼마나 속상할까, 라고 공감해 주는 시나리오다. 한데 그런 이상적인 가족은 세상에 많지 않다. 요즘에는 영화나 드라마에도 그런 이상적인 가족이 좀체 등장하지 않는다.

이렇게 대화가 산으로 가는 게 뻔하니 솔직하게 자초지종을 얘기하고 자기 감정을 드러내는 게 겁이 나는 것도 당연하다. 자칫 상대방이 나를 비난하거나 무시할 수도 있으니까. 또 궁금해하는 상대방에게 이러쿵저러쿵 이야기하는 것 자체가 더 피곤해질 수도 있어서 입을 닫는 경우도 있다. 그럴 때면 차라리 머리가 아주 깨질 것처럼 많이 아프다고 말하고 머리를 감싸고 눕고 싶을 수도 있다. 상대방이 약을 사 준다든가, 머리를 주물러 주지는 않아도 적어도 쓸데없는 이야기를 하면서 싸움을 걸지는 않을 테니까. 하지만 그렇게 아픈 상황에서도 화를 내는 가족이라면 정말 그냥 정을 떼고 혼자 살 궁리를 구체적으로 하는 것이 훨씬 나을 정도다.

일단은 어떤 스트레스도 가족이 도움 줄 거라 기대하지 말고 자신이 풀어야 한다는 것이 원칙이다. 배우자는 나를 치료하기 위해 존재하는 의사도 아니고, 나를 위로해 주고 먹여주는 엄마도 아니다. 심지어는 부모님 역시 자녀들의 앞날을 책임져 주지 않고, 자녀들 역시 부모들의 노후를 보장해 주지 않는다. 가족 간의 사랑이 오래 유지되려면, 그래서 더욱 독립적인 공간과 시간이 필요하다. 즉 가끔 상대가 혼자 있고 싶어 한다면 그런 기회를 충분히 주는 것이 더 효율적이다. 만약 자신이 혼자 있지 못하는 의존적인 성격이라면, 나를 내버려 두고 자신만의 세계로 도망가는 상대방을 비난만 할 게 아니라 먼저 자신의 성격부터 고치는 것이 현실적이다. 상대에게 집착한다면 나를 사람이 아니라 껌이나 거머리인 듯 바라볼 수도 있다. 또 가족들과 함께 있을 때 침묵이 못 견디겠다면, 어쩌면 가족들과 있을 때 별로 편하지도 않고 긴장을 풀지도 못하는 건 아닌지 들여다볼 필요가 있다.

다만 너무 깊은 침묵의 골은 가족을 마침내 해체하게 만들 수도 있다. 서로 의사소통을 하지 않는 가족은 아무리 한 공간에 있어도 가족이라 할 수는 없다. 물론 서로에게 많이 화가 나 있으면 말싸움을 잠시 멈추고 혼자 생각을 정리하고 숨을 고르는 것이 필요하다. 그래서 상대방을 비난하기 전에 자신을 객관화해서 분석하다 보면, 스스로의 잘못도 알게 되고, 상대방의 입장을 이해할 수도 있다. 그러나 말을 하지 않는 것으로 상대방을 고문하려는 의도를 가진 사람들은 결국 스스로가 놓은 덫에 걸릴 가능성이 매우 높다. 중동지방에는 부부싸움 끝에 끝까지 서로 말하지 않다가, 도둑이 들어 몽땅 털어가도 입을 열지 않는 한 남자에 대한 옛 이야기가 있다. 먼저 말을 하는 사람이 지는 것 같아, 끝까지 침묵을 지키고 있는 사이비 선승 같은 사람은 결국 더 외로워진다. 거부당한 사람은 종국에는 당신을 거부하기 때문이다.

그러나 가장 가깝다는 이유로 가족 구성원들의 잘못과 약점에 대해 일일이 고쳐주려고 지나치게 애쓰는 태도 역시 파괴적이고 폭력적이다. 가까운 사람이니까 선의로 하는 조언도 듣는 사람에게는 짜증 섞인 잔소리와 비난으로 들릴 가능성이 많다. 어차피 자신이 깨닫고 동의하기 전에는 세상 어떤 사람도 자신의 성격을 바꾸려고 하지 않는다. 만약 진심으로 가족을 사랑한다면 오히려 상대방이 시행착오를 통해 자신의 잘못을 알아차릴 때까지 조용히 지켜봐 주고 지지해 주는 것이 좋다. 엄청나게 훌륭한 코치가 아무리 이런저런 이론을 가르쳐 준다 해도 어차피 선수들은 직접 뛰고 넘어지면서 경기를 준비하게 되어 있다. 게다가 우리는 대개 아주 훌륭한 코치도 아니지 않은가.

몇 년 전 인기 있던 코미디 프로의 한 코너에는 매주 두 연인이 등장해 "헤어지자는 그런 말을 왜 000집에서 하니?"라는 대사를 외쳤다. 맞다. 모든 말에는 적절한 공간과 시간이 필요한 것이다. 싸구려 중국집에서 여자가 카운터에서 음식값을 지불하고 있는 순간에, 남자가 "우리 결혼하자"라고 말한다면 여자는 아마 울음을 터뜨리거나, 모멸감에 휩싸일 것이다. 반대로 남자가 친척이나 친구들에게 둘러 싸여 있는데 여자가 서운함을 표현한다고 거의 욕이 섞인 말을 함부 로 내뱉는다면, 남자는 여자에 대한 마음을 완전히 접어 버릴 것이 다. 특히 감정이 진하게 섞여 있는 무언가를 이야기하려면 정말로 적 절한 때와 장소를 가려야 정확하게 내 메시지가 전달된다. 적절한 대 화는 가족끼리가 훨씬 더 어렵다는 점은 전제로 해야 할 것이다.

사랑할 때는 상대방에게 집중해야 하는데, 실제로 애인이건 부부 이건 가족이건 상대방에게 진심으로 집중하는 이들은 많지 않다. 여 자들은 남자와 데이트할 때도 주변의 인테리어, 지나가는 사람들, 자 신을 보는 시선 등등에 대해 끊임없이 관심을 기울인다. 남자들은 자기만의 생각에 빠져서 종종 여자의 이야기를 놓친다. 심지어는 아 예 내놓고 좀 더 유혹적인 태도를 보이는 여자들에게 무심하게 눈길 을 준다. 부모는 자식과 대화할 때도 자신의 걱정, 근심, 체면 등을 더 많이 고려한다. 자녀의 마음보다는 남에게 이야기할 거리인 학교 성적이 더 관심사이다. 자녀들 역시 부모가 현재 얼마나 힘든지, 혹 은 어디가 아픈지 크게 관심이 없다. 부모는 자신에게 돈을 대 주고 편안한 환경을 제공하는 도구적 존재로 보이는 것이다. 이런 관계는 겉으로는 가족의 모습을 하고 있지만, 실제로는 따로 겉도는 사이일 뿐이다. 모든 가족이 서로에게 백 퍼센트 집중할 수는 물론 없지만,

적어도 그런 노력이라도 하는 것이 예의이자 본인 자신에게도 나중에는 좋은 부메랑이 되어 돌아올 것이다.

침묵은 상대를 무시하기 위해 존재하는 것이 아니라, 상대방의 말을 잘 듣기 위한 빈 종이 같은 도구로 적절하게 사용하는 게 옳다.

충고와 도움 사이

인생은 다만 그림자의 발자국

_ 윌리엄 셰익스피어

그리고 우리의 어제는
바보들이 죽음으로 향하는
길을 비추었을 뿐
아, 꺼져 가는 작은 촛불이여!

무대에서 초조하게 걷는 광대들의
그림자, 그 자취.
소음과 분노로 가득한 백치들이
뜻 없이 쏟아 놓은
더 이상 들리지 않는 옛 이야기.

어떤 제안에도 화를 내는 아내에게

✉ _ _ _ 남 편 이

언젠가 당신 옷차림을 보고 너무 야하지 않느냐고 했을 때 불같이 화내던 당신 모습이 생각나네. 난 그냥 다른 사람이 내 아내를 흘끔흘끔 곁눈질하거나 대놓고 쳐다보는 게 싫어서 그런 것뿐이었는데. 아, 또 그것 말고도 당신이 직장 동료한테 전화 받는 태도를 보고, 너무 친절하고 비굴하게 구는 것 같다고 말했을 때, 당신이 기분 나빠 하던 일도 있었지.

당신은 왜, 내가 무언가를 조언해 주면 그렇게 싫어하는지 모르겠어. 다 당신이 잘되길 바라는 마음에 돕고 싶어서 하는 말인데.

난 당신이 넥타이 색깔이 마음에 들지 않는다고 말해 주면 얼른 바꾸고, 어떤 친구가 마음에 들지 않는다고 하면 그 친구하고는 될 수 있는 한 약속을 자주 가지지 않으려고 하고 그러는데. 왜 당신은 내 조언이 그렇게 다 고까운 거지?

난 부부라면 때론 서로에게 악역이 되어 주어야 한다고 생각해. 그래야 발전할 수 있으니까. 남들은 입에 발린 말만 서로 주고받겠지. 뒤에서는 흉보고 비웃으면서도 말이야. 부부는 적어도 그렇게 서로 위선적으로 살지는 말아야 되지 않을까.

무시당하는 느낌을 주는 남편에게

💬 ___ 아 내 가

난 당신이 내게 조언을 해 주는 것 자체를 싫어하는 게 아니야. 다만 그 방식이야. 내게 무언가 말을 할 때마다 마치 내 선생님이나 부모님인 것처럼, 상사인 것처럼 구는 게 정말 싫어. 아무리 당신이 나보다 나이가 많아도 부부는 서로 존중해 주는 동등한 사이여야 한다고 생각해.

물론 당신이 나보다 더 많이 배웠고 더 경험을 많이 했다는 것은 인정하겠어. 하지만 당신이 나보다 못하는 것도 많지 않을까? 나만큼 당신이 다른 사람들의 마음과 감정을 잘 읽어 주는지, 그래서 따뜻한 말로 상대방을 위로해 줄 수 있는지, 또 어려운 사람이 있으면 손을 내밀어 주어서 그 사람과 진심으로 마음을 나눌 수 있는지 의문이야.

당신은 사람에게 성공하려는 마음가짐이 가장 중요하다고 생각하고, 본인도 그렇게 살고 있지만, 내가 볼 때 당신은 가장 중요한 영혼이 없는 사람인 것 같아. 영혼이 없는 사람이 어떻게 영혼이 있는 사람에게 조언을 해 줄 수가 있어?

그리고 무엇보다 당신은 왜 꼭 나쁜 것만 찾아내? 서로 좋은 걸

칭찬해주고 북돋아줘야 이 험한 세상을 살 수 있는 거 아냐? 당신
이 내 단점이나 실수를 꼭꼭 짚어낼 때마다 난 정말 살아갈 에너지
가 다 빠져나갈 것 같아.

"

서로에게 조언을 해 줄 때 가장 중요한 것은 존중감이다. 배우자가 상대방의 조언에 발끈한다면 두 가지 가능성을 생각해 보아야 한다. 우선은 그 자신의 낮은 자존감이다. 또 조언하는 사람의 오만하거나 무관심하거나 성급한 태도다. 사실 배우자가 배우자의 심리 상담사가 될 수는 없다. 상담을 하려면 얼마나 많은 훈련과 공부를 해야 하는지 아는가. 사실 조언을 구하는 배우자의 속마음은 조언이 아니라 그저 공감과 위로와 따뜻한 손길이 필요할 가능성이 많다.

언뜻 아주 정직하게 자신의 생각을 표현하는 사람만이 사랑에 성공적일 것이라고 짐작할지 모른다. 꼭 그렇지는 않다. 세상 사람이 모두 너무 정직하면, 아마 많은 사람들이 상대방에게 상처받는 것을 못 견뎌 은둔형 외톨이가 될 것이다. 적당하게 옷을 입고 있어야 생활이 가능하듯이, 약간의 과장이 섞인 칭찬과 필요할 때는 슬쩍 넘어가는 지혜와 또 그런 상대방에게 넘어가 주는 척을 하는 지혜가 필요할 때도 있다.

부부는 일심동체일 수 있지만 또 그렇지 않을 때가 많다. 부부가 아니면 어떻게 진심어린 조언을 하겠는가. 조언을 받는 사람 또한 너무 발끈하려 하기 전에, 이렇게까지 솔직하게 도움되는 조언을 해주는 사람은 가족밖에 없다고 생각하고 경청하는 것도 방법이다.

가족들 사이에 소통이 되지 않는 이유 중 첫 번째는 대부분의 사람이 느끼기에 '듣는다'는 것이 수동성과 무기력을 뜻하는 것 같기 때문이다. 말하는 사람의 이야기를 가만히 듣는다는 것은 힘의 역학 관계에서 약한 쪽에 서 있는 것처럼 착각하게 만들 수 있다. 많은 이들이 상대의 말을 들으면서 불쾌해지는 이유 중 하나다. 사람들의 뇌는 자기 말을 할 때 훨씬 더 행복해진다는 여러 연구들도 있다. 두 번째 이유는 진짜 원하는 것은 말하지 않고 간접적으로 표현하거나, 말하지 않아도 상대방이 알아주길 바라기 때문이다. 남자들은 미안 하다는 말 대신 뽀뽀를 하는 등 성적인 접촉을 하려 해 여자를 경악 하게 만들고, 여자들은 "나한테 할 말 없어?"라며 남자를 지치게 만 든다. 둘다 서로에 대한 이해 부족에서 생기는 일들이다.

반대도 마찬가지. 매우 똑똑해서 매사에 합리적인 것만을 추구하 는 완벽한 남자들이 연애를 오래하지 못하는 이유 중 하나다. 본인이 조금 둔하고 허술한 구석이 많다고 생각해서 자신의 여자가 웬만큼 실수를 해도 그냥 아무렇지 않은 채 넘어가 주는 남자의 관대함을 여 자들은 좋아한다. 아무리 유능하고 멋있는 남자라도 매사에 깐깐하 게 실수 하나하나를 지적한다면 도망가고 싶은 마음만 들 것이다.

그렇다면 어떻게 상대방의 마음이 상하지 않게 조언을 해 줄 수 있을까? 일단은 유머의 힘을 한번 생각해 볼 수 있다. 사실 대부분의 성공적인 유머에는 비판의 칼날이 숨어 있다. 특히 상대방을 깎아 내리는 것보다는 자신을 깎아 내리는 유머가 훨씬 더 안전해서, 상대방에게 뭔가 조언을 해 주고 싶다면 먼저 자신을 유머의 대상으로 삼아 상대방이 방어의 빗장을 내리게 하는 준비가 필요하다. 남자들의 40퍼센트가 자신의 유머에 잘 웃어 주고 호응해 주는 여자에게 끌리고, 여자들의 31퍼센트가 자기를 잘 웃겨 주는 남자에게 끌린다고 말한 조사가 있다. 여자 코미디언은 섹시하지 않다는 편견도 있지만, 성별이나 나이를 떠나 유머를 구사하고, 또 상대방의 유머를 이해하는 힘은 매우 중요하다. 물론 처음부터 자유자재로 우스갯소리 하듯 남에게 조언을 할 수는 없지만 기분 나쁜 이야기를 어떻게 하면 불쾌하지 않게 전달할 수 있을까 고민해 보는 것은 매우 필요하다.

또 자신이 상대방에게 "날 사랑한다면 이렇게 해야 해"라고 말하는 연인이나 가족은 아닌가 처음부터 점검해 볼 필요가 있다. "내가 원하는 대로 바뀌지 않는 걸 보니 사랑이 식었나봐, 넌 날 한 번도 사랑한 적이 없어"라고 말하는 연인들, 또 "엄마는 날 사랑한다면서 내게 뭘 해 주었는데. 겨우 이런 것도 못 바꿔?" 라고 말하는 자녀들, "네가 자식이라면서 부모가 시키는 대로 왜 하지 않느냐"라는 부모들의 조언이나 요구는 사랑이 아니다. 사랑은 거래가 아니라 있는 그대로를 받아들이는 것이다. 자신들이 거는 조건을 만족시켜 주고 자신들이 하는 모든 조언을 받아들여야 사랑이고 그렇지 않으면 사랑이 아니라고 말하는 이들은 독재에 가깝다. 진짜 사랑은 상대방을 내 틀에 끼워 맞추려고 노력하지 않는다.

파블로 네루다는 〈사랑〉이란 시에서 상대방이 조용할 때가 좋다고 했다. 아주 멀리 있고, 없는 것 같아, 단 하나의 말과 미소로도 충분히 행복해진다고 말했다. 아마도 그의 연인이 말이 너무 많았던 모양이다. 말이 너무 많은 상대방은 피곤하다. 할 얘기가 있으면 가능한 줄이고 요약해서 상대방이 피곤하지 않을 정도로만 하는 것이 현명하다. 아무리 사랑에 빠져 있어도 남은 남이기 때문에, 내 모든 말을 다 들어주고 이해하고 그대로 따라야 할 의무는 없다.

대개 사람들은 자신의 불안과 열등감을 오만과 독선으로 포장하려 한다. 특히 사랑하는 사람에게는 더 잘나 보이고 싶은 게 사람 마음이다. 그러나 그런 과잉된 자의식은 때로 상대방의 자존심을 건드리고 상처를 주어 오히려 관계를 더 어긋나게 한다. 사람들은 어수룩하고 모자란 상대방에게 매력을 느끼고 편안함을 느끼지 완벽하고 잘나서 항상 설교만 하는 상대에게 사랑을 느끼지는 않는다. 정말로 누군가를 사랑한다면 자신의 모자란 점을 보여 주어야 비로소 그 사람에게 더욱 깊이 다가가게 된다. 내가 배운 게 있어야지, 라고 모든 것을 자녀에게 맡기고 따르는 시골의 부모님이 옆에 있는 잘난 배우자보다 정서적으로는 더 가깝고 편안하게 느껴지는 이유이기도 하다.

존중해 주는 싸움

詩人 久甫氏의 一日 5: 눈싸움

_ 오규원

....

눈싸움은 깨끗한 것으로 싸우는 싸움
얻어맞으면 체온이 더 따스하고
내가 피하면 얻어맞은 벽도 깨끗해진다
눈싸움은 눈덩이가 녹는 싸움 눈이
녹고 나와 적이 녹고
함께 물이 되어 숲이나
강으로 가서는 물로 흔들린다
눈이, 하얀 눈이 온다
나는 눈이 오면 적들과 눈싸움을 한다
눈이 제일 먼저 쌓이는 낮은 곳에서
이기기보다 지기 위해서

아내의 결점을 참을 수 없는 남편이

✉ ___ 아 내 에 게

결혼이 어느 정도는 사랑의 무덤이란 사실을 알기는 했었지만, 이렇게 결혼생활이 삭막하고 무의미할 줄은 몰랐네. 결혼식을 올리던 그날부터 자기는 어쩜 내게 여자가 아니려고 작정을 했나 하는 생각이 들었어. 신혼 여행지로 가는 도중에 내 친구들과 친척들의 옷차림이나 하고 다니는 품새가 촌스럽다, 예식장에서 준비한 음식이 형편이 없다, 신혼 여행지가 너무 후지다, 하면서 끊임없이 불평을 쏟아 냈지. 내가 결혼비용을 많이 준비하지 못한 탓에 자격지심이 드는 거라고 해도 할 수가 없지만, 한 번밖에 없는 결혼식인데 너무 한심하게 치렀다고 툴툴거리며 짜증을 내는 당신을 보고 나는 어이가 없었어. 내게도 한 번밖에 없는 결혼식일 터인데, 왜 내 기분 따위는 안중에 없는지 말이야.

신혼 여행지에서도 마찬가지였지. 물론 우리가 만난 지 좀 되어서 이미 잠자리도 같이 했던 사이였지만, 적어도 신혼 여행에서는 내 아내가 수줍은 여자였으면 하는 게 모든 남자의 로망 아닐까. 그런데 당신은 그때부터 이미 마치 한참 산 아줌마처럼 이것저것 불평하지 않으면 쇼핑하기 바빴지. 남편에게는 별 관심이 없었잖아.

그래도 그냥 살려고 했지만, 당신하고 사는 내내 나는 삭막하고 외로웠어. 저녁에는 피곤하다며 대충 화장만 씻고 큰 대자로 뻗어 자 버리지 않으면, 그냥 친구들하고 카톡을 하거나 인터넷서핑이나 하고 말이야. 당신이 도대체 왜 나와 결혼을 했나 싶을 때가 많았지. 물론 당신이 나보다 돈도 더 많이 벌고, 하는 일이 더 바쁘다는 것 알아. 나는 당신보다 그래도 좀 덜 힘드니까 여유가 있을 수도 있겠지. 하지만 우리 부부는 도대체 누가 여자고 누가 남자인지 모를 정도로 당신은 그냥 자기 하고 싶은 대로, '난 원래 그래. 그게 내 결점이야. 그런데 어쩔래' 하는 식이었잖아.

그래서 내게 여자 친구가 생겼을 때 당신이 그렇게 펄펄 뛰는 게 나로선 오히려 이해가 가지 않았어. 내게 여자로 보이길 포기한 듯, 내겐 전혀 관심도 없고 자기 하고 싶은 대로 살던 당신이, 왜 이제 와서 새삼스럽게 마치 나와 매우 친밀한 아내처럼 자기의 권리를 주장하는지 말이야. 내가 봤을 때 당신은 정말 남편이 좋아서 배신감을 느껴서가 아니라, 그저 자기보다 어리고 별 볼일 없는 여자에게 남편을 빼앗긴 게 자존심이 상해서 그렇게 미친 듯이 화내는 것 아닌가 싶어.

정말로 남편인 나를 사랑했다면, 도대체 당신의 어떤 점을 내가 못 견뎌하고 있는지, 내가 누누이 말하려고 했을 때 적어도 들어주는 척이라도 했어야 하는 게 아닐까. 내 외로움, 내 불만을 읽어 주지는 못하고, 나와 교감하길 포기한 당신과의 결혼, 어쩜 처음부터 잘못되었다는 생각도 드네.

남편에게 모욕감을 느끼는 아내가

💬 ___ 남 편 에 게

아, 정말 어이가 없네. 먼저 이 말밖에 나오지 않아. 당신이 바람피운 것보다 이런 말을 듣고 있어야 하는 것 자체가 더 힘드네.

우선 결혼식부터 그래. 당신은 결혼식은 다 여자가 좋아서 하는 것이라고 처음부터 끝까지 남의 일처럼 뒷짐 지고 있었잖아. 나만 혼자 이리 뛰고 저리 뛰고 계약하고 준비하고. 그러다 보니 너무 힘들고 결과도 내가 생각했던 거랑 너무 달라서 신혼 여행지 가서 그냥 좀 툴툴 거린 것뿐인데. 그냥 나랑 같이 웨딩 플래너랑 예식장 사람들 욕해 주었으면 끝났을 문제였어. 하지만 당신은 마치 내가 그런 불만을 가지는 것 자체가 속되고 저질인 것 같은 눈으로 나를 쳐다보았잖아. 내가 그때 얼마나 모멸감을 느꼈는지 아마 당신은 모를 거야.

쇼핑도 그래. 내 것만 샀나? 시부모님, 시숙님, 친정 부모님 들 전부 기분 좋게 받으실 게 뭘까 하는 생각에 얼마나 내가 힘들었는지 알아? 그러지 않아도 연상이라고 날 별로 탐탁지 않아 하시던 걸 아니까 선물 하나를 사는 것도 조심스러웠는데, 당신은 쇼핑하는 내내 못마땅한 얼굴로 뒷짐만 지고 있었잖아.

신혼 시절도 그래. 당신이 갖다 주는 월급으로는 우리 월세 내고 관리비 내면 끝이니까 나도 힘들지만 직장을 계속 다녔잖아. 그런데 당신은 내가 일하고 오면 따뜻하게 힘드냐는 격려의 말은 못할망정 그렇게까지 힘드냐는 식으로 무표정하게 대하곤 했었어. 내가 얼굴만 대충 씻고 자서 여자로 보이지 않았다고 하는데, 만약 나도 당신이 갖다 주는 돈으로 하루 종일 내 외모만 관리할 수 있다면 얼마든지 당신을 위해 꽃단장을 하고 기다릴 수 있어. 그런데 난 그럴 만한 체력도 능력도 안 되는 걸 당신은 정말 모르겠어? 내가 부드럽지 않고 이해심도 없다고 하는데, 하루 종일 통통 부은 발로 돌아와서 당신을 보면, '어머 그러셨어요?' 하면서 부처님 미소를 지어야 해?

당신이 여자 친구가 생겼다고 했을 때, 내가 펄펄 뛰었다고? 나 자신한테 도대체 무슨 문제가 있어서 남편이 바람을 피웠을까 먼저 물어보지 않았다고? 적반하장도 유분수지.

그러는 당신은 왜 먼저 솔직하게 내게 자신의 감정을 이야기해 주지 않았어. 말도 없이 있다가 외도부터 먼저 하고, 그 모든 잘못이 아내에게 있다는 식으로 말하다니 정말 너무 어이가 없네. 어쩜 이 결혼은 당신 말대로 처음부터 잘못 되었던 것도 같아.

사랑을 오래오래 지속시키는 것은 육체적 본능보다는 상대방에 대한 도덕적 책임감, 혹은 상대방의 결점에 대한 관용이다. 상대방에 대한 책임감은 달콤하기보다는 쓰고 매우며, 상대방에 대한 관용은 산뜻하기보다는 무겁고 지친다. 뜨거운 정념이 사라진 후, 지녀야 하는 책임과 관용은 때론 색깔도 향기도 없는 권태, 숙변 같은 감정의 찌꺼기만 남아 있는 것처럼 느껴질 수 있다.

하지만 그런 과정을 넘어서 함께 오랜 세월을 견딘 부부들에게는 몇 가지 특징이 있다. 첫째, 서로의 약점을 일단 포용해주기에 오히려 자신의 자존감을 높게 유지시킬 줄 안다. 항상 집이 전쟁터 같은 부부들은 상대방의 결점이나 실수를 그대로 넘어가는 법이 없는데, 이런 전투적 태도는 기실 자신의 삶에 대한 불만이 투사되는 경우가 대부분이다. 자신도 부족한데 상대까지 부족한 건 더 꼴 보기 싫은 것이다. 상대를 빈정대든가, 비난하든가, 혹은 모욕을 주면 상처받은 자신의 자존심이 그나마 회복될 수 있다는 식으로 자기도 모르게 무의식이 의식을 조종하기 때문이다. 아내의 비만, 남편의 실직, 처갓집의 가난, 시댁의 실패 등등 상대방을 깎아 내릴 것들은 사실 너무 많다. 이런 것들을 지적하면서 상대방이 괴로워해야, 이미 충분히 괴로운 자기 자신의 슬픔이 반감되는 것처럼 착각하기도 한다. 사이가 좋은 부부들은 그런 아픈 부분들은 될 수 있는 한 건드리지 않고 덮어 두려 노력하는 반면에 사이가 나쁜 부부들은 뭔가 헐뜯을 것이 있으면 끝까지 붙잡고 상대방을 제압하려 노력하는 이유다.

결혼생활 도중, 불만이 있을 때 조율을 하는 데에는 어쩌면 싸우는 것보다 훨씬 더 엄청난 에너지가 소요된다. 자신의 브레이크 없는 욕망, 상처받은 감정을 상대방에게 풀어내면서 해소해달라고 하기 이전에 스스로 치유해야 하기 때문이다.

결혼 후, 로맨스는 사라지고 생활만 남아 사랑이 식은 것 같다고 느끼는 부부들이 많다. 우선 사는 게 너무 힘들기 때문이라는 점이 틀린 얘기는 아니다. 그러나 옷 한 벌 제대로 갖춰 입지 않은 아마존의 정글에서 사는 부부들, 근대화 이전에 밥과 된장 하나 앞에 놓고 끼니를 때웠던 부부들 중에서도 서로를 깊이 사랑하는 이들은 그렇게 했다. 반대로 물질적인 풍요를 누리는 할리우드의 유명배우나 엄청난 부자들이 오히려 이혼율이 높다는 점은 생각해볼 만한 일이다. 문제는 경제적인 어려움이나 성적인 불만이 아니라 상대방에 대한 존경심과 배려, 공감능력과 소통의 부족이다. 또한 문제가 생겼을 때 대면하기보다는 외도, 본가에 대한 집착, 일 중독증 등 부부생활 바깥으로 도망가는 경향이 결국 문제를 곪아 터지게 하는 것이다.

부부를 오래 유지시키는 것은 파충류에게도 있는 호르몬이나 유전자가 아니라 결국 전두엽의 자기 반성과 조절 능력, 측두엽의 공감과 소통 능력이다.

또한 진정한 사랑은 어려운 일을 같이 나누고 견딜 때 더 강해진다. 일이든, 사랑이든, 결국 버티는 사람들이 진정한 승자인 것이다. 예컨대 귀찮은 집안일을 함께하고, 아이를 키우고, 저축을 하는 부부는 징그럽게 가사 일을 상대방에게 미루고, 힘든 일은 절대로 먼저 하지 않겠다고 버티는 부부들보다 훨씬 더 오랫동안 잘 지낼 확률이 높다.

그러나 이렇게 부부가 함께 살아가는 과정을 견디는 것을 꼭 고통스러운 무언가로만 생각할 필요는 없다. 어려움을 이겨내는 것은 비장한 태도뿐 아니라 자신의 현재 상황에 대해 거리를 두고 때로는 유머의 힘을 발휘해 보는 것도 한 가지다. 먹고 살기 힘든데 무슨 유머냐 반문한다면 미국 최초의 흑인 메이저리거이며 최초로 야구 경기 텔레비전 방송을 진행하기도 한 재키 로빈슨의 일대기를 읽어 보는 것도 좋다. 재키 로빈슨의 어머니는 남편이 다섯 남매를 버리고 떠나자 온갖 궂은일도 마다하지 않았지만, 집에 돌아오면 항상 유머로 아이들을 웃기곤 했다 한다.

특히 친밀한 관계에서 유머의 힘은 중요한데도 대다수의 사람들이 생활에 시달리다 보면 종종 그런 여유를 잃어버린다. 지친 바깥 생활에서 돌아왔을 때 가족 혹은 연인끼리의 시간이 청량제 같은 역할을 해 줄 수 있으면 얼마나 좋겠는가. 물론 유머는 아무나 할 수 없는 능력이다. 유머랍시고 자기 혼자 먼저 웃고, 오랫동안 질질 끌면 어떤 웃기는 얘기도 상대방을 감동시키지는 않는다. 유머는 자신을 낮출 때 비교적 안전하게 잘 구사할 수 있기 때문에 더욱 여유가 필요하다. 상대방의 입장에서 생각해 주는 상상력과 촌철살인의 기지가 필요한 일이라 만약 그런 능력이 없다면 상대방의 이야기를 잘 들어 주는 진정성과 인내로라도 친밀함을 유지해야 할 것이다.

유머든 경청이든 원천은 상대방과 함께 있는 바로 그 상황에 대해 고마워하는 마음이다. 감사의 마음은 맹목적인 긍정과는 다르다. 어려운 일을 겪어보고 누군가와 함께 극복해본 사람만이 할 수 있는 감사의 마음이다. 관계가 돈독해지고 서로에 대한 신뢰가 쌓이는 순간은 고단한 순간을 잘 참고 애써 웃음과 미소로 넘겼을 때이다. 모든 것이 잘 돌아갈 때는 오히려 서로에 대한 고마움보다는 거만함과 자기애적 착각만 잔뜩 쌓일 뿐이다.

이렇게 크고 작은 일상생활에 지치고 화가 날 때 가끔 잠자는 배우자나 연인의 얼굴을 들여다 보면서, 만약 지금 상대방이 갑자기 죽어 버린다면, 그래서 다시 내가 싱글이 된다면, 혹은 자식을 잃은 부모가 된다면, 또는 고아가 된다면 어떨까 하고 상상해 보는 것도 한 가지 방법이다. 가족은 내게 무얼 꼭 해 주어서가 아니라, 그냥 존재하기 때문에, 그래서 의도하지 않았지만 테두리를 만들어 주기 때문에 고마운 면이 더 크다.

또한 독립적이고 책임감 있게 사는 것이 전제되어야 하지만, 가끔은 사랑하는 사람이 내게 유치하고 어린애 같고 좀 멍청한 모습을 보여줘도 그냥 용인해 주는 것도 손해는 아니다. 만약 내가 그런 상대방을 용납하지 못한다면, 상대방도 나의 퇴행을 받아주지 않으려 할 것이다. 내가 어린애가 되고 싶을 때, 혹은 어쩔 수 없이 질병이든 치매든 장애든 겪게 되었을 때를 대비한 일종의 저축으로 생각해 보는 것도 한 방법이다. 누구든 항상 어른일 수만 있겠는가.

지진이 날 때 전조가 있고, 경제 위기가 닥칠 때 전망이 보이듯, 사랑이 깨질 때도 신호가 온다. 다만 무디고 미련한 사람 혹은 자기 아집에 빠진 이들은 이런 신호를 무시할 뿐이다. 문제가 있다는 것도 부정한다. 만약 언제부터인가 편안하고 좋았던 상황이 불편해지고, 권태나 불만 같은 감정도 표현해서 바로 잡으려 하지 않고 그냥 내버려 두고 있다면 부부에게는 큰 문제가 생긴 것이다. 또 가족과 함께 있을 때 웃음보다는 찡그리고 화내는 시간만 가득하다면 가정의 둑은 이미 깨지고 있는 것이다.

이렇게 되면 가족 외부의 사람들에게만 관심이 가고, 상대방이 다가오면 몸은 긴장부터 한다. 서로의 아주 작은 실수도 용납하지 못하고, 배우자가 성공하는데 같이 기쁘기는커녕 질투만 느껴지고, 자식이 행복한 순간을 보내면 나만 왜 외롭고 불행하게 내버려 두는지

화가 난다. 물론 본인에게 심각한 질병, 실직, 사업의 실패 등이 있어서 존재 자체가 백척간두에 섰다면 사랑이 깨졌기 때문이 아니라, 너무 힘들어서 그런 것이므로 모든 것을 사랑의 문제로 환원하지 않는 것도 필요하다.

그리스 신화 중 사랑의 신 에로스의 부모는 풍요를 뜻하는 포로스와 가난의 신 페니아이다. 물론 에로스가 메신저 신 헤르메스와 아프로디테의 자식이라는 이형도 있지만 말이다. 즉 사랑하면 충만하면서 동시에 갈증을 느끼는 것이 정상이다. 사랑하기 때문에 황홀하지만, 사랑하기 때문에 황폐하고 결핍될 수 있다.

우리의 육체가 매일 변하고 결국 소멸하고 마는데 현재의 사랑이 영원하리라고 생각하는 것 자체가 언어도단이다. 때로는 사랑하기 때문에 따뜻한 봄날을 즐기는 것이 아니라 숨찬 눈보라 속에 있는 것처럼 느낄 수 있다. 힘들지만 견디면 언젠가는 눈보라가 멈추고 봄이 오듯이, 사랑도 힘든 고비를 넘기면 좀 더 성숙한 사랑으로 바뀔수 있다.

몸의 교감, 마음의 교감

감촉여행

_ 함민복

도시는 딱딱하다
점점 더 딱딱해진다
뜨거워진다

......

뭐 좀 말랑말랑한 게 없을까.

길이 길을 넘어가는 육교 바닥도
척척 접히는 계단 길 에스컬레이터도
아파트 난간도, 버스 손잡이도, 컴퓨터 자판도
빵을 찍는 포크처럼 딱딱하다

메주 띄울 못 하나 박을 수 없는
쇠기둥 콘크리트 벽안에서
딱딱하고 뜨거워지는 공기를
사람들이 가쁜 호흡으로 주무르고 있다

잠자리로 친밀감을 보상하려는
남편이 싫은 아내가

✉ _ _ _ 남편에게

내가 무슨 불만만 얘기하면, 꼭 "그동안 잠자리를 안 해서 그래?"
하고 말을 잘라 버리는 당신 때문에 내가 얼마나 힘들고 모멸감을
느끼는지 자기가 알까. 내가 원하는 것은 영화 속에서 나오는 그런
멋진 잠자리가 아니라 당신과 조근조근 이야기하고 함께 여러 가지
를 공유하면서 추억을 쌓는 것인데, 당신은 그런 소소한 것은 전혀
중요하게 생각 안 하지. 여자 마음을 어쩌면 그렇게 모르는지 모르
겠어.

특히 내가 당신과 당신 식구들에게 화가 많이 나 있는데 그냥 아
무 일도 없었던 것처럼 잠자리를 요구할 때에는 도대체 당신에게 내
가 어떤 존재인지 모르겠거든. 잠자리만 그렇게 원한다면 차라리 업
소를 가거나 원나이트 스탠드를 하지 왜 나와 결혼이란 걸 했는지
도 모르겠고. 당신에게 나는 여자이기 이전에 마음을 가진 하나의
인간이 될 수는 없을까.

내가 원하는 것은 당신의 따뜻한 손길, 부드러운 말, 그런 거지
무슨 전쟁 치르듯 밤일을 하고 돌아누워 잠을 자는 그런 건 아니거

든. 부부가 잠자리를 하는 것은 서로를 좀 더 부드럽게 어루만져 주기 위한 거 아닐까. 그런데 당신은 마치 일할 때 긴장해서 하듯, 그저 딱딱하기만 해.

아내의 감정에
어떻게 접근해야 할지 모르는 남편이

💬 ___ 아 내 에 게

아. 내가 싸우고 나서 당신과 잠자리를 하려고 한 것은 어떻게 자기 마음을 풀어 줄지 몰라서 그랬던 건데……. 사실 난 어떻게 해야 당신 마음이 풀리는지 잘 모르겠어. 내가 뭐라 내 입장을 설명하면 당신은 대부분 오히려 더 화를 많이 내니까. 내가 말을 하면 할수록 나는 더 수세에 몰리는 것 같고, 당신과의 거리는 더 멀어지는 것 같고.

그렇다고 선물을 사다 줘도 화가 나 있을 때는 별로 좋아하지도 않잖아. 내가 이딴 것 때문에 그러는 줄 아느냐고 더 짜증을 내잖아. 그래서 나로선 그냥 당신을 꼭 안아 주고 그냥 내가 사랑한다는

3_ 가족은 언제나 내 마음 같지 않다

걸 느끼게 해 주면 당신이 좋아할 줄 알았지. 그러니 오해하지 마. 내가 당신을 무슨 창녀 취급한 것도 아니었고, 내 욕심 채우기 위해서 그런 것도 아니야.

남자들이 물론 성욕이 많지만, 꼭 그렇게까지 좋아하는 것도 아니야. 오히려 잘못하면 어떡하지, 그래서 여자가 날 비웃으면 어쩌지 하는 불안이 가끔 있어. 그리고 힘도 많이 들어. 하루 종일 일에 부대낄 때는 특히 더 그렇지. 그럼에도 불구하고 당신과 잠자리를 하려 한 건 내가 당신을 사랑한다는 것을 보여주려고 한 건데, 그래서 정말 애쓴 건데, 당신이 그렇게 생각한다면 어이가 없네, 솔직히.

내가 뭐라고 이야기를 해야 하는지 정확하게 알려줘, 그럼.

앞에서 가족들 사이에 소통이 되지 않는 이유 중 두 번째가 진짜 원하는 것은 말하지 않고 간접적으로 표현하거나, 말하지 않아도 상대방이 알아주길 바라기 때문이라고 했는데, 남녀의 스킨십에 대한 생각 차이를 좀 더 살펴보자. 남자들은 사과의 말 대신 억지로 포옹하거나 키스를 하는 등 성적인 접촉을 하려 하는데, 이건 여자들이 생각하기에 최악의 전략이다. 여자들은 화가 나 있을 때 말로 풀지 않고 성관계를 갖는 것을 거의 강간이라 여기기 때문이다. 그러나 반대로 여자들은 미안하다는 말 대신 남자에게 맛있는 음식을 해 주거나 등 마사지를 해 주면 그대로 풀릴 때가 많다. 남자의 뇌는 미각이나 시각, 혹은 몸의 공간 감각을 중추하는 뇌가 언어중추에 비해 훨씬 더 발달해 있기 때문이다. 싸운 뒤 남자가 화해의 제스처로 여자를 만질 때 여자들이 극도로 싫어하는 이유, 갈등을 풀어 관계를 개선하고 싶어서 "우리 얘기 좀 하자"라고 여자들이 제안할 때 남자들이 공포감을 느끼며 그 자리를 피하려는 이유다.

섹스만 잘 한다고 해서 여자의 마음이 풀어지지 않는다는 사실은 이제 상식이 되어 있다. 해부학적으로 보아도 외부에 노출되어 조건반사적으로 잘 서는 남근에 비해, 상대적으로 깊숙이 숨어 있는 클

리토리스는 마음이 열리지 않으면 얼굴을 잘 보여 주지 않는다.

이런 차이에도 불구하고 여자들과 정신적으로 교감하는 대신 성적으로 일단 교류하면 모든 것이 다 풀릴 거라고 생각한다면, 대부분 어린 시절 부부간의 사랑이 어떤 것인지 보고 배우지 못했을 가능성이 많다. 제대로 된 부모가 서로 존중하고 아껴주며 대화하는 모습을 보고 자랐다면, 여자의 몸보다 마음을 먼저 헤아려 주는 것이 훨씬 자연스러울 것이다. 그러나 대화보다는 육체적으로만 접근하는 남자에게 자신도 모르게 끌리는 여자에게도 여러 가지 심리적인 특징이 있을 수 있다. 예컨대 일상에서 자상한 아버지 같은 남자보다는 예측할 수 없는 모험을 하게 하는 남자와 함께해야 자신이 여성인 것을 확인할 수 있는 안나 카레리나 같은 여성들도 물론 있다.

반면에 남자는 자신의 마음, 특히 세세한 감정을 여자들만큼 언어로 잘 표현하지 못한다는 것을 감안하고 주의 깊고 참을성 있게 들어주어야 한다는 점들을 여자들은 종종 놓치고 만다. 남자에게 붙는 무뚝뚝하다, 남자답다, 선이 굵다, 라는 식의 수식어들은 실제로는 여자들이 원하는 섬세함과 자잘한 배려심이 부족하다는 뜻이다.

어쨌든 남녀 서로 '왜 저럴까' 하며 서로 이해 못하는 지점만 주목할 게 아니라, 자신의 이야기를 전달하는 방법을 잘 모색하려고 노력해야 할 것이다.

그동안 차마 하지 못한 말

투명한 속

_ 이하석

유리 부스러기 속으로 찬란한, 선명하고 쓸쓸한
고요한 남빛 그림자 어려 온다. 먼지와 녹물로
얼룩진 땅, 쇳조각들 숨은 채 더러는 이리저리 굴러다닐 때,
버려진 아무것도 더 이상 켕기지 않을 때,
유리 부스러기 흙 속에 깃들어 더욱 투명해지고
더 많은 것들 제 속에 품어 비출 때,
찬란한, 선명하고 쓸쓸한, 고요한 남빛 그림자는
확실히 비쳐 온다.

껌종이와 신문지와 비닐의 골짜기,
연탄재 헤치고 봄은 솟아 더욱 확실하게 피어나
제비꽃은 유리 속이든 하늘 속이든 바위 속이든
비쳐 들어간다. 비로소 쇳조각들까지
스스로의 속을 더욱 깊숙이 흙 속으로 열며.

부부관계가 제대로 되지 않아 불만인 아내가

이런 일로 이야기를 한다는 것 자체가 쑥스럽고 미안하지만, 아무래도 시간이 많이 지나간 것 같아 이제는 꺼내야 할 것 같네. 처음 결혼할 때만 해도 당신하고 내가 이렇게 데면데면하게, 아니 이렇게 어색하게 서로를 피하면서 지낼 거라고는 생각을 못했었는데 어느 틈에 이렇게 되었네. 서로 성격에 문제가 있다는 말을 한 적도 있었고, 서로의 부모 형제들한테 친절하지 못하기 때문에 이렇게 된 것 같다는 말을 한 적도 있었지만, 난 제일 근본 문제가 우리 부부관계에 있지 않나 싶어.

당신이 다시 떠올리기도 듣기도 싫은 얘기인지 모르지만 신혼 때 당신은 발기가 안 되거나 오래 지속이 되지 않았고, 나는 뭔가 불편하고 싫어서 당신을 밀쳐대고 그랬던 적이 꽤 여러 번 있었지. 현실에서는 차마 말을 꺼내기 힘들지만 이렇게 글이라도 써서 내 생각을 표현해야 좀 덜 답답할 것도 같고, 또 우리 사이 문제도 솔직하게 들여다 볼 수 있을 것 같으니, 불쾌하더라도 좀 이해해 주었으면 좋겠어.

언젠가 우리 부부관계가 안 되는 것이 나 때문이라고 말한 적이 있었지? 나는 속으로 당신과 만나기 전에 이미 다른 남자들과 함께 한 경험이 있으니, 내가 처녀가 아니란 사실 때문에 그러나 하는 짐작을 했었어. 그런데 우리 둘 다 30대 후반의 나이인데 이제껏 한 번도 남자와 같이 잔 적이 없는 여자라면, 오히려 그게 더 이상하다고 생각할 줄 알았지, 당신이 그걸 문제 삼을 것이라곤 생각을 못했어. 차라리 그렇다면 솔직하게 그렇다고 말을 하면 좋을 텐데, 꼭 집어서 뭐가 문제라고는 이야기하지 않고 그저 우리 부부관계가 안 되는 것이 다 나 때문이라고 하고 입을 닫아 버리니 더 이상 이야기가 진전이 되지 않지. 내가 그 문제에 대해 이야기하면 그저 화부터 내 버리고 소리를 지르기도 해서, 몇 번 시도해보다가 나도 더 이상 말을 꺼내지 않고 이렇게 남처럼 지낸 게 벌써 몇 년 째인지 몰라.

겉으로는 같이 여행도 가고, 부부 모임도 다니고, 집을 계약하러 다니기도 하니까 부부는 부부인데 실제로는 한 이불을 덮고 자지 않으니 부부인지 그냥 하우스 메이트인지 싶을 때도 있네. 어쨌거나 친구들은 생활비는 넉넉하게 주는데 왜 이혼하느냐, 그렇다고 네가 번듯한 직장이 있느냐, 하고 말을 하니 나도 이혼할 생각은 하지 않고 살긴 하는데. 가끔 내 인생이 껍데기 같고, 미래도 없는 것 같고, 가슴이 답답할 때가 있어.

우리가 서로 잠자는 시간이 완전히 다른 것도 어쩌면 당신이 나와 부부관계를 꺼리기 때문이 아닌가 하는 생각이 들어. 처음엔 당신이 게임에 빠져서 그런가 하는 생각을 했어. 하지만 언젠가 일어나서 당신이 컴퓨터에 앉아 있는 걸 가만 살펴보니, 뭔가를 꼭 할게 있어서가 아니라, 그냥 시간을 보내려고 그러는 것 같다는 느낌이 확 몰려 오더라구.

나랑 한 침대에서 자는 것 자체가 싫다면, 그냥 솔직하게 그렇게 말하면 되지, 왜 나를 자꾸 피하려고만 해서 내 마음을 더 아프게 하는지 모르겠네. 나는 이런 마음을 운동으로 풀긴 하지만, 당신은 사랑 없이 친밀한 관계도 없이 어떻게 살아갈까 의문이 들 때도 있어. 우리는 더구나 종교도 없고, 아이는 더구나 가질 수 없으니 인생의 의미로 뭘 삼아야 하나 싶기도 하고. 부부관계를 안 하는 것이 이렇게까지 큰 영향을 주는지 예전에는 상상도 못했네. 당신은 앞으로 어떻게 지내고 싶은지 그 생각이 궁금해.

부부관계가 어렵고 힘든 남편이

💬 ___ 아 내 에 게

우선 이렇게 편지를 써줘서 고마워. 사실 나도 쑥스럽고 미안하기도 하고 또 나한테 화가 나기도 하고 해서 당신에게 이 문제에 대해선 차마 이야기를 꺼내지 못했는데. 당신이 이렇게 용감하게 이야기를 꺼냈으니 이젠 더 이상 미루지 않고 말을 하는 게 나을 것 같군.

우선, 내 자신이 내 몸에 대해 지난 40여 년간 거의 신경을 쓰지 않고 살았다는 것을 당신이 알아주었으면 좋겠어. 내 몸에 대한 기억이라고는 어려서 아버지, 어머니에게 많이 맞았던 것밖에 없네. 그래서 누가 내 몸에 손을 대면 그냥 불쾌하거나 깜짝깜짝 놀라게 돼. 당신이 꼭 싫어서라기보다는 그냥 불편해서 당신을 안거나 손을 잡아 주지 않은 거였는데, 그 때문에 당신이 기분 나빠하는 것 같아서 앞으로 또 어떻게 해야 할지 모르겠네.

당신하고 처음 잠자리를 했을 때 내가 얼마나 당황하고 힘들었는지 그동안 이야기를 못했었는데, 마음을 다 잡고 한번 이야기해 보려고 해. 우선 당신하고 잠자리를 갖기 전에 내가 만났던 여자들은 그냥 직업여성들뿐이었다는 사실을 고백해야 될 것 같아. 공부하느라 바빴고 일하느라 정신없어서 연애를 잘 못 한 탓도 있었지만 사실 누군가를 사랑한다는 감정 자체가 내겐 사치스러운 일이었으니까. 솔직히 말하자면 아름답고 매력적인 여성을 만나도 좋은 줄도 모르겠고 어떻게 친해져야겠다는 감정 자체가 일지 않았다는 게 정직한 말이겠지.

솔직히 나는 그동안 어려운 우리 집안 사정 때문에 너무 진이 빠졌던 것 같아. 무능하고 폭력적인 아버지, 그러면서도 내게 하소연만 하실 뿐인 의존적인 어머니, 또 내게 기대기만 하는 백수 동생 때문에 항상 화가 나 있었던 것도 같아. 그래서 얼른 돈 벌고 안정되게 살 궁리밖에 없었지, 내 마음 속엔. 그러다가 당신을 만났고, 내 어려운 사정을 알면서도 먼저 그냥 같이 살자고 했을 때 얼마나 고마웠는지. 내가 수줍은 사람도 아니면서 여자들에게 잘 접근을 하지 않았던 것은 내 머릿속이 걱정 근심으로 가득하고, 내 어깨가 책임으로 너무 무거웠기 때문인데 먼저 적극적으로 결혼하자고 나서준 당신이라면 내 짐을 좀 덜어줄 것이란 생각도 들었어.

한데 결혼하고 보니 당신 역시 나처럼 상처가 있는 사람이란 것을 알았고, 나의 무뚝뚝함 앞에 얼마든지 더 냉정해질 수 있다는 사실도 알게 된 거지. 내가 피로해서 잠자리가 잘 되지 않고 하면, 때론 당신이 날 무시하고 증오하는 것 같다는 느낌도 받았고, 그러다 보니 당신이 싫어졌다기보다는 그냥 어렵고 힘든 존재가 된 게 아닌가 하는 생각도 드네.

물론 내가 어려서부터 부모에게 사랑을 듬뿍 받고 자라 애정표현이 자유롭고 하다면 꼭 잠자리가 아니라 하더라도 손도 잡아 주고 안아 주기도 하면서 당신을 행복하게 해 줄 수도 있었을 것 같네. 그런데 당신도 알다시피 나는 그렇게 편안하고 화목한 가정에서 자란 사람이 아니잖아. 그래서 사랑 표현도, 스킨십 표현도 내게는 정

　　　　　3_ 가족은 언제나 내 마음 같지 않다

말 힘든 일인 것 같아.

또 서로의 몸에 익숙하게 되면 당신에게 의지하는 약한 모습을 보일까 봐 싫어. 아주 정직하게 말하자면 두려운 건지도 모르지. 당신에게 내가 전적으로 마음을 열고, 그래서 모든 것을 맡겼다가 또 언제 어떻게 무슨 일을 당할지 모른다는 두려움이 내겐 있어. 어쩌면 무력한 어머니가 자기중심적이고 예측할 수 없는 아버지에게 당하는 모습을 너무 많이 보았기 때문에 그런지도 모르겠고.

그러니 우리 둘 사이의 문제가 꼭 내가 당신을 여자로 생각하지 않는다거나 혹은 무시한다든가 하기 때문은 아니라는 점을 좀 알아주었으면 좋겠어. 나는 당신의 남편이기 이전에 하나의 사람으로 당신이 모르는 많은 것들을 마음에 품고 사는 사람이야. 내 속의 문제들이 해결되지 않기 때문에 당신을 온전히 사랑할 수 없다는 사실을 어떻게 설명해 주어야 할지 모르겠네.

조금만 더 시간을 두고 나를 참아 주길 바란다면 내 욕심인가. 앞으로도 변하지 않겠다는 것은 아니고. 내 복잡한 마음을 읽어 주었으면 하고 감히 바라게 돼.

같은 시간에 자고 한 침대에서 꼭 껴안아야만 부부관계가 정상이라고 생각하는 것도 어쩌면 융통성 없는 태도일지 모른다. 육체관계가 잘 되지 않는다고 해서 사랑이 식었다고 재빨리 결론지을 필요는 없다. 남자는 오로지 섹스만 하기 위해 인생을 사는 종마가 아니고, 여자는 매일 밤 교태스러운 소리를 내며 동네를 돌아다니는 발정난 고양이가 아니다. 섹스가 안 되면, 손만 잡고 상대방의 숨소리를 들으며 편안하게 자면 된다. 때론 그런 순간이 훨씬 더 우주적 체험일 수 있는 게 사람이다.

보수적인 가치관에는 위배되지만 함께 성생활을 하지 않고 결혼하고 난 다음 성적인 문제의 불일치로 고민하는 부부가 적지 않다. 물론 과거에는 성생활의 부조화를 언급하는 것조차 못했지만 말이다. 요즘엔 남편이 성생활에 젬병이라고 불평하는 여성들이 은근히 많다. 물론 그 반대도 있다.

그렇다면 불만족스러운 상대방과 그냥 살아야 하는가? 그렇지는 않다. 우선 자신이 성에 대해 좀 더 정확히 알아야 한다. 나도 모르는 것을 배우자에게 이래라 저래라 요구할 수는 없는 노릇이다. 두 번째, 전희는 꼭 남자가 여자에게 해 주는 것으로만 생각한다든가 혹은 여자들은 수동적인 태도여야 한다든가 하는 식으로 관습적인 시선으로 성생활을 바라보는 것도 문제다. 남자들이라고 항상 성행위를 할 준비가 되어 있는 것은 아니다. 정숙하고 능력 있는 본부인, 혹은 멋진 남편을 놔두고 직업여성이나 제비를 찾는다든가, 혹은 어찌 보면 이성교제가 복잡한 다른 친구들을 찾는 이유는, 꼭 그들의 외모가 매력적이어서가 아니라, 대가를 받는 만큼 상대방을 만족시켜 줄 자세가 되어 있다는 점, 또 내가 그들에게 성관계 이외의 다른 것들은 별로 기대하지 않기 때문일 수도 있다.

자신의 외모나 성적 능력에 대해 지나치게 위축되는 것 역시 부부관계에는 방해가 된다. 결혼 후 살도 찌고 피부도 탄력을 잃으면 혹시 남편이 그런 나를 무시나 하지 않을까, 혹은 내가 잠자리에서 제대로 만족시켜주지 못하니 아내가 나를 경멸하지 않을까 하는 공포가 더욱 부부관계를 망칠 수 있다. 실제로 많은 남자들이 불 끄고 하는 성생활에서는 마르고 예쁜 여자보다는 오히려 좀 살집도 있고, 남성의 몸을 잘 아는 여성들을 선호하기도 한다. 여성들 역시 근육질에 잘생긴 성기를 가진 미남보다 좀 못생기고 왜소하지만 자신의 몸을 잘 이해해주는 부드럽고 섬세한 남성을 더 좋아할 수도 있다.

무엇보다 중요한 것은 상대방과 정서적인 공감대가 형성이 되어 안전한 느낌이 들어야 한다는 점이다. 성행위를 하다가 갑자기 상대방이 화를 내거나 비난하거나 폭력적으로 나온다면 남자건 여자건 금방 위축이 되고, 이런 상황이 계속되면 결국 불능이 될 수도 있는 것이다. 또 상대에게 너무 성적인 것만 밝히는 여자 혹은 남자로 비칠까 봐 어떤 지점과 상황에서 자신이 만족하는지에 대해 표현하지 않는 것도 상대방을 헷갈리게 만들 수 있다. 의외로 상대방이 성생활에 있어서도 자신에게 구체적인 가이드를 주기를 원하는 이들이 많다.

아내가 어떻게 하건 성생활은 재미없다고 말하는 남성들도 물론 있다. 그들 중에는 여자들이 적극적으로 나오면 너무 문란하다고 불만스러워 하고, 소극적이면 너무 재미없고 지루하다고 말하기도 한다. 결국 결론은 아내를 사랑하지 않기 때문에 이런저런 흠을 찾는 것이다. 또 자신의 성적 능력에 대해 자신이 없을 경우엔, 새로운 여자, 좀 더 젊은 여자를 만나면 훨씬 더 쉽게 발기할 수 있을 거라고 짐작하는 경우다. 이들의 마음 깊은 곳에는 자기 자신에 대한 권태와 공허감이 숨어 있다고도 할 수 있다. 지나치게 어머니나 누이들과 밀접해 있거나 해서, 성생활에 대한 거부감이나 죄의식이 있는 경우 역시 아내와는 성생활을 하기 힘들 수 있다. 아내가 마치 어머니나 누이처럼 보이기 때문이다. 가족과 어떻게 섹스를 하느냐고 말하는 남성들은 어쩌면 자신의 근친상간적 퇴행상태에 대해 부끄럼 없이 고백하는 사람들일지도 모른다.

자신이 만약 성적으로 문제가 있다면 일찌감치 결혼에 대한 꿈을 꾸지 말고 다른 인생을 사는 게 양심적이라고 단순하게 처방하면 좋겠지만, 속사정은 그렇게 쉽지가 않다. 물론 요즘 세상에는 죽을 때까지 결혼하지 않고 있어도 손가락질 당하지 않기 때문에 애초에 결혼하지 않으면 되지 않느냐고 반문할 수도 있다. 결혼하지 않았다고 무시하거나 싱글세 같은 것을 도모하면서 차별을 하려고 한다면, 그쪽이 무지한 것이니 경멸하고 상종하지 않아도 무방하다.

문제는 부부관계가 잘 되지 않는 것이 반드시 성적인 불일치 때문만은 아니라는 점이다. 아침형 인간과 저녁형 인간처럼 그저 생활의 사이클이 다르다면 견우직녀처럼 서로를 만날 때 더욱 간절하게 사랑하면 그만이다. 예컨대 혼자 있는 시간이 중요하고 혼자 자는 것을 더 좋아하는 사람이라도 휴일에 잠깐 같이 있으면서 아주 바쁘게 섹스를 하고 밥을 먹고 짧은 나들이를 해 볼 수도 있다. 일요일 하루 종일 상대방과 시간을 보내는 것도 때론 지루한 고역일 수도 있으니까. 그러나 단순한 신체 리듬의 불일치가 아니라 서로에게 깊은 상처가 있어서 부부관계가 되지 않는 거라면 마음의 뿌리부터 잘 들여다보아야 한다. 또 모든 것을 부부관계가 안 되기 때문이라고 섣부르게 프로이트의 리비도 이론을 흉내 내는 대신, 상대방을 깊이 이해하려는 참을성과 공감능력을 함께 갖춰야 한다.

때로는 권태와 공허감에 빠진 여자들이 이른바 나쁜 남자들에게 빠질 수도 있다. 매력적이고 순수한 얼굴을 하고 있지만, 남편이나 아버지로서의 책임감보다는 현실로부터 도망가려는 모습을 보이기 때문에 훨씬 더 성적으로 매력적일 수 있다. 특히 최근에는 아르테미스처럼 헌터로서의 원형적 본능에 훨씬 더 많이 사로잡힌 능력 있는 여성들도 있다. 이런 여성들은 아버지의 부재를 자유롭고 아름다운 남자가 채워 주리란 기대를 내심 하고 있을 수도 있다. 이때 남자들의 폭력적인 모습은 카리스마로, 이기심은 자신감으로 잘못 해석하기도 한다. 이런 남자들은 젊어서는 멋진 성적 에너지를 발산하는 듯 보이지만 나이가 들어서는 좀 더 성숙하고 잘 다듬어진 부성적 에너지를 유지할 능력이 없는 경우가 적지 않다. 젊어서 너무 잘생기고 매력적인 남성과 결혼했는데, 결혼해 보니 가장으로서는 빵점이라 남자 대신 평생 가정을 책임지고 남편까지 벌어 먹이느라 고생한다고 말하는 여성들의 경우다.

물론 성적 매력은 사랑에는 매우 긴요하다. 하지만 본능적인 열정을 넘어 가정과 내 짝에 대한 헌신이 없다면, 제대로 된 사랑이 지속될 수가 없다. 매혹과 본능으로 가득한 연애가 성장해 성숙한 사랑으로 이어지기 위해서는 그 다음 단계인 '현실 인식Reality testing'이 필요하다. 참을성과 양보가 있어야 한다는 얘기다.

물론 말처럼 그런 능력을 쉽게 획득하는 것은 아니다. 만약 큰 상처 없이 무탈하게 자랐다면, 도대체 왜 상대방이 그렇게 복잡하게 구는지 이해하기 힘들 수 있고, 그 상처가 지나치게 자신을 괴롭히는 경우에도 상대를 원망하거나 경멸하기도 한다. 부모에게 받은 상처를 배우자가 해결해 줄 가능성은 많지 않다. 친밀한 관계를 형성하는 데 방해가 되는 가장 중요한 원인 중 하나가 과거의 사건에서 얻은 상처들이다. 이런 상처들은 섣불리 건드리면 덧나기도 하고, 속사정을 모르는 사람들이 휘저으면 더욱 크게 번지기도 하니 매우 조심스러운 태도로 대해 주어야 한다. 사랑은 단순한 성관계의 문제가 아니란 뜻이다.

복잡하고 섬세한 감정선을 이해하지 못한다면 우선 상대방과 함께 하는 공통적인 취미라도 빨리 만들거나 조금 불편하고 어색해도 상대방의 취미에 관심을 기울여 보는 게 좋다. 액션영화를 좋아하는 남자와 멜로영화를 좋아하는 여자가 서로를 위해 좋아하지 않는 영화를 함께 봐 주는 정도의 성의만 있으면 된다. 내가 좋아하지는 않지만 상대방이 좋아하는 모습이 좋아 같이 해 준다면 상대의 상처가 의외로 빨리 나을 수 있다는 뜻이다. 연인 이전에 좋은 친구가 되어 보는 것이다. 슬플 때나 아플 때나 함께 해 줄 수 있는 우정부터 말이다.

함께하는 고독

모든 걸 알면
모든 걸 용서할 수 있을 것을

_ 닉스 워터맨

내가 그대를 알고, 그대가 나를 알면,
우리 둘 다 신성한 마음의 눈으로
서로의 가슴에 품은 생각의 의미를
분명히 볼 수만 있다면,
진정 그대와 나의 차이는 줄어들고
정답게 서로의 손을 맞잡을 수 있을 텐데.
장미가 송이마다 가시를 품고 있듯이
인생에도 하많은 걱정이 숨어 있는 법.
내가 그대를 알고 그대가 나를 알면
모든 것의 참 이유를 마음으로 볼 수 있을 텐데.

부부만의 시간을 갖고 싶은 아내가

✉ ___ 남 편 에 게

여보, 당신하고 둘만의 시간을 언제 보냈는지 기억도 나지 않네요. 처음엔 시어머니가 우리 사이를 방해하고 계시는 줄 알았어요. 휴일이면 어머님 집에 가서 지내야 한다, 홀로 계신 어머님이 외로워하신다, 하면서 저를 끌고 가곤 했었지요. 그래서 어머님이 나중에 돌아가시면 우리가 좀 더 재미있게 살 줄 알았어요. 한데, 어머님이 돌아가시고 나서부터도 여전히 당신은 바깥으로 돌았지요. 등산이다, 골프다, 동창회다, 하면서 말이지요. 저는 그래도 아이들하고 나름대로는 잘 지내는 걸로 당신 없는 빈자리를 견뎠어요. 대한민국의 바쁜 남편들이 다 그렇지, 하고 말이지요. 남편하고 둘만 지낸다고 특별히 좋은 것도 없다고 위안도 하면서 말이에요.

하지만 이제 아이들이 다 크니 모두 바깥으로만 돌고, 나만 홀로 덩그마니 집에 있게 되는 시간이 많다보니, 당신하고 같이 지내는 시간이 필요하지 않나 싶네요. 물론 교회도 나가고 내 친구들하고 여행도 하고 재미있게 지내려고 하고 있지만, 당신하고 내가 결혼해서 과연 어떤 추억이 있었나 생각하면 마음이 쓸쓸해지네요. 저 보고 유치한 여고생 취향이라고 하지 마세요. 어쩌면 그런 순수한 마

음이 없었다면 벌써 당신 말고 다른 남자를 만났을지도 몰라요. 그래도 당신을 가장 사랑했고 가장 믿어 왔으니까, 당신이 나를 두고 바깥으로 헤매도 집을 지키고 중심을 지키려 노력한 것이니까요. 이런 마음을 당신이 아는지 잘 모르겠어요. 어떤 때는 내 참을성에도 한계가 온 것 아닌가 하는 생각이 드네요. 이제 여자로서 내 인생이 몇 년이나 남아 있나 모르겠다는 느낌이 들면, 참 많이 적막하고 허무해요.

중년의 삶에 대한 생각이 다른 남편이

💬 ___ 아 내 에 게

당신이 나하고 둘만 보내는 시간을 그렇게 소중하게 생각한다는 것을 미처 몰랐구려. 나는 남편으로서 내 의무만 다 하면 당신에게 충실한 거라고 믿었었는데. 결혼 초, 어머니에게 자주 간 것 역시 아들로서, 또 한 집안의 가장으로서 당신뿐 아니라 내 부모 형제들에게도 최선을 다해야 한다는 내 신념 때문이었지 꼭 어머니와 같이 있어야 행복하거나 그런 건 아니었소. 당신이 그래도 내 의견을 별 탈 없이 잘 따라 주고 우리 본가 식구들에게 너무 잘 해 주어서 항상 고맙고 또 고맙게만 생각하고 있었는데, 그동안 표현을 하지 않으니 당신이 내 마음을 몰랐을 것이라는 짐작을 미처 못했다오.

최근 들어 친구들 약속이나 다른 모임에 자주 나가는 것도 그렇소. 이제 얼마 안 있으면 정년 퇴직이 되니, 사실 좀 내가 뒤처지는 건 아닐까 초조하오. 과연 내가 남자로서 어떤 능력이 있을지, 직장을 그만두면 사회에서 고립되는 것은 아닌지, 그러다 보면 당신이나 아이들에게 쓸모없는 사람처럼 보이지는 않을지, 정말 마누라 뒤꽁무니만 잡고 늘어지는 무능한 남편이 되는 건 아닌지 걱정이 될 때도 있었소. 외롭게 늙어가는 병들고 무능력한 노인들을 주변에서 많이 만나다 보니, 내게도 그런 일이 일어나지 말라는 법이 없다는 생각이오.

물론 바깥에 돌아다닌다고 꼭 유능하다고 강변하는 것은 아니지만, 적어도 당신이나 애들에게 축 처진 노인처럼 보이는 건 싫소. 당신 말대로 특별히 벌어 오는 것도 없이 사람들을 만나고 다니는 것이 나도 꼭 좋지만은 않지만, 어쩔 수 없는 선택이란 점, 당신이 좀 알아줬으면 하는 마음이오.

내가 나이 먹고 직장에서 힘을 잃어버렸다고 해서 집안이나 사회로부터 소외되고 고립되어 간다는 것은 생각만 해도 끔찍하오. 당신이야 항상 내 곁에 있을 것이라는 확신이 있으니까. 그리고 좀 더 늙으면 우리가 싫어도 서로의 얼굴만 보고 살아야 하는 시간이 올 수밖에 없으니까. 내가 한 해라도 젊을 때 다른 사람들을 많이 만나고 활동도 많이 하려고 애쓰는 중이요. 어쩌면 그래야 내가 더 늙었을 때 당신에게 폐가 되는 뒷방 노인네는 되지 않을 수 있겠다는 생각이었는데…… 앞으로는 당신과 함께하는 시간도 좀 마련해보겠소.

사회적으로 활발한 생활을 하고 있지 않은 아내들이 상대적으로 바쁜 남편들에게 소외감을 느끼고 때론 그런 남편에 대한 분노를 엉뚱한 곳으로 표출하는 경우가 흔하다. 예컨대 영화배우 엘리자베스 테일러가 상원의원 남편과 살면서 알코올과 음식에 탐닉해서 비만환자가 되었다든가, 포드 대통령의 부인 베티 포드가 남편의 바쁜 정치인 생활 때문에 알코올중독 환자가 되었다든가, 하는 식이다. 모든 것이 부부중심으로 돌아가는 미국에서는 특히 남편이 바깥일에만 집중하면 이혼의 사유가 되기도 하고, 급속한 서구화를 겪고 있는 한국에서도 문제가 된다. 다른 점은 한국의 문화는 비록 결혼을 했다 하더라도 동성끼리 어울리는 기회가 더 많다는 점, 또 만약 배우자 이외의 사람들을 만나더라도 솔직하게 털어 놓고 결혼을 깨기보다는 그 사실을 알고도 모르는 척하거나, 속게 되는 경우가 상대적으로 많다는 점이다. 가족이지만, 실상 함께 밥 한 끼 먹기가 힘든 한국의 도시에서는 비교적 많은 부부들이 같이 시간을 공유하지 않아도 잘 살아가는 것처럼 보이거나 실제로 그런대로 부부생활을 유지하기도 한다.

그러나 피상적인 부부관계는 자칫 쇼윈도우 부부처럼 사랑 없는

3_ 가족은 언제나 내 마음 같지 않다

공식적 관계가 되어서 정말로 힘들 때 서로에게 필요한 파트너십이 부족해진다. 특히 노년이 되었을 때 능력 없고 병든 상대방을 구박하는 무서운 배우자들도 점점 늘고 있는 것 같다. 대가족과 공동체에 부부생활이 쉽게 노출되었던 과거에 비해 아파트 생활 등으로 사생활이 철저하게 격리된 도시에서 부부간의 폭력이 점점 더 과격해지는 이유 중 하나다. 남편들은 아내의 외로움을 당연시하지 말고 젊어서부터 헤아리고 노년의 단란한 부부생활을 위해 투자할 필요가 있다. 또 아내 역시 과연 왜 내 남편이 자신과 단둘만 있지 않으려 하는지 원인을 따져 볼 필요가 있다. 예컨대 남편의 관심사나 가치관이 전혀 아내와는 공유할 수 없고 서로의 세계에 대해 완전히 무관심하다면, 굳이 부인과 시간을 보내고 싶지 않을 것이다. 상대방 보고 왜 나랑 시간을 갖지 않느냐고 따지기 전에 다양한 세계를 경험해 관점을 넓혀 보려는 노력과 상대방의 이야기를 잘 들어주고 공감해 주는 태도를 먼저 갖추는 것도 필요하다.

또 서로의 좁은 식견과 태도만 탓할 것이 아니라 과연 내가 상대방을 위해 얼마나 많은 정신적 육체적 투자를 해 왔는지도 점검해 보아야 한다. 어떤 인간관계도 공짜는 없다. 사회성이 좋아 친구들이 많은 남자나 여자, 그래서 자신과의 만남보다 사교적 모임을 더 중요시하고 성공적인 사회생활을 하고 있는 사람과의 사랑은 손해지만 이익인 점도 많다. 대인관계가 원만한 사람은 주변에 사람들이 꼬여 무슨 일을 해도 밥은 굶지 않을 가능성이 많다. 그 사람이 바깥을 헤매고 다니는 동안 혼자 무엇을 하며 놀 것인지, 또 자신의 독립심은 어떻게 키워나갈지는 어쩌면 전적으로 내 책임일지 모르겠다.

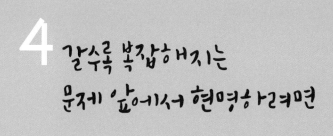

4 갈수록 복잡해지는
문제 앞에서 현명하려면

딜레마 앞에 선 남편

난 미워할 시간이 없다네

_에밀리 디킨슨

난 미워할 시간이 없다네
무덤이 날 가로막고 있으니
내 인생 너무 가난해서
원한 따윈 버릴 수 있기에

난 사랑할 시간도 모자란다네
사랑의 작은 수고들도
내겐 너무 큰일들이기에

시어머니의 폭언때문에 힘든 아내가

✉ ___ 남편에게

정말 이제는 당신과 그만 살고 싶어요. 당신 어머니의 정말 말도 되지 않는 폭언과 인격 모독적 말들은 단순히 내가 며느리란 이유 때문에 참아야 되는지 이해가 가지 않아요. 죽을 좀 많이 쒔다고 돌아버린 년이냐고 하질 않나. 사실 그 죽 한 끼에 우리 식구들 다 먹었잖아요. 당신 돈을 내가 훔쳐갔다고 하질 않나. 정말 그런 말 들을 때마다 피가 거꾸로 솟구치는 것 같아요. 당신 같으면 당신을 정신병자 취급, 죄인 취급 하는 사람과 다시 만나고 싶겠어요? 아마 당신 성질에 주먹다짐이 오가고 하다못해 고성이 오갔겠지요. 만약 길거리에서 누군가 나보고 돌았다고 하고, 음식 훔쳐 먹는 년이라고 한다면 어떨까요. 그냥 정말 재수 없는 날이라고 넘어가고 말까요? 만약 그 사람이 내 직장 상사라고 한다면 어떤 식으로든 그 사람에게 인격 살인과 명예 훼손에 대해 보상받으려 하지 않을까요?

그런데 나는 한 번도 어머니에게 사과하시라는 말을 한 적이 없었어요. 신혼 초에 정말 입에 담지도 못할 상소리를 듣다 듣다 못해 한마디 화를 내고 나면 어머니는 정말 뒤로 넘어가셨고, 그러고 나면 몇 시간씩 소리소리 지르면서 자기 화를 푸셨죠. 그럴 때마다 당신은 어머니가 화를 푸실 때까지 내버려 둬야 한다며 그냥 앉아 들으라고 했었죠. 그런 다음에 어머니가 제 풀에 지치면 내게 다가와 사과하라고 강요했었죠. 그래야 상황이 빨리 종결된다고요. 바보 같은 나는 얼 빠지고 지친 채로 원하지도 않는 사과를 하고 말았죠. 그런 말도 되지 않는 욕들을 들으면서 내 가슴은 얼마나 시커멓게 멍이 들었는지 당신은 한 번쯤 상상해 본 적 있어요? 그렇게 살아온 세월이 벌써 얼만가요. 어머님이 내게 갖은 모욕과 악담을 퍼부을 때 당신이 한 번쯤 나를 보호해 준 적 있었나요? 어머님 보고 와이프한테 그렇게 함부로 대하시진 말라고 말해 준 적 있나요? 그래서 당신이 나한테 잘해 주는 것 아니냐고 말하지만, 나는 당신이 그렇게 입에 발린 말로 얼렁뚱땅 넘어가는 게 너무 싫어요.

이제 내 나이도 더 이상 젊지 않고, 어머니는 여전히 건강하시고 기운이 넘치시고. 나는 때로 당신마저 싫어져서 정말 꼭 이렇게 살아야 하는지 회의가 들 때가 많아요. 마누라가 폭언을 당해도 보호해 주지 않는 남편과 계속 살아야 하는 걸까요?

늙은 어머니를 바꾸지 못하는 남편이

💬 ___아내에게

미안해. 여보. 나도 어머니가 그렇게 말을 당신에게 함부로 할 때마다 정말 속이 상해. 내 마음 같아서는 어머니께 뭐라고 쏘아붙이고 싶을 때도 많지만, 만약 내가 그렇게 하면 정말 사태가 더 커질 걸 아니까 가만히 있는 거야. 나라고 내 와이프가 함부로 취급당하는 게 좋겠어? 하지만 어머니 성격이 원래 그러셔서 돌아가신 아버지도 어떻게 못 했고. 우리 형제들도 다 그런 말을 들으며 살았으니까. 어쩔 수 없는 부분이 있어.

당신 집은 학자들도 많고 서울 사람들이니까 말 하나도 골라서 조심조심 하겠지만, 우리 집은 그렇지가 않거든. 그냥 되는 대로 마구 말하고, 상소리도 많이 하고. 당신 지적 다 옳아. 그런데 사실 그냥 생긴 대로 이렇게 사는 게 편하긴 해. 어떨 땐 나도 처갓집 가면 많이 불편해. 사람들이 뭔가 진실하지 못한 것 같고, 꾸미는 것 같고. 식구들끼리 너무 거리가 먼 것 같고. 사람들이 서로 친해지려면 욕도 좀 하고 싸우기도 하고 그러다 화해도 하고 그래야 되는 거 아닐까. 처갓집처럼 그렇게 매사에 조심조심만 하면서 살면 골치 아프고 긴장되지 않나?

난 그래서 당신이 날마다 여기저기 아프고 피곤하다 하는 게 당신 성격 탓도 있는 것 같아. 물론 어머니처럼 하고 싶은 말 다해서 남에게 상처 주는 것도 나쁘지만, 당신처럼 너무 완벽하고 우아하게 사는 것도 참 힘들어 보여. 아, 그럼 당신이 그렇게 해도 괜찮으냐고? 어머님께 막 함부로 해도 괜찮겠냐고? 물론 좀 힘들겠지. 아마 어머니도 펄펄 뛰실 거야. 하지만 난 때론 당신이 차라리 어머니하고 악다구니하고 싸웠으면 좋겠어. 그리고 우리 식구들처럼 또 화해도 하고 하면 좋겠어. 지금은 당신 옆에 가면 찬바람이 도는 것 같아. 내가 그렇게 느끼는데 우리 부모님이나 형제들은 오죽하겠어? 아, 지금 그렇다고 당신을 원망하거나 당신에게 책임을 돌리는 건 아니야. 다만 당신이 우리 부모님, 형제들과는 많이 다르다는 것. 사실은 아마 그래서 당신에게 끌려서 결혼을 했겠지만, 지금은 그것 때문에 나도 좀 힘들다는 것. 그냥 그렇다고 말하는 것뿐이야.

당신 말대로 우리 어머니, 문제가 많아. 하지만 이제 내가 이야기하건, 누가 이야기하건, 그 노인네, 바뀔 것 같지는 않아. 며느리에게 좀 친절하게 하시라고 해 봤자 오히려 더 관계만 덧날 것 같아. 그냥 당신이 좀 그러려니 하고 이해해 주면 안 될까?

과거와는 달리 시댁이나 처가의 폭언도 이혼사유가 되는 시절이긴 하지만, 아직도 웬만하면 어른들이 무슨 말을 하건, 노인네니까, 부모니까, 하고 넘어가자는 이들이 적지 않다. 실제로 감정이 격하게 되면 누구나 의도보다 훨씬 더 격한 말을 하게 되기도 한다. 한데 문화가 다른 두 가족이 결혼이란 제도로 만나게 되면, 관용할 수 있는 범위와 정도가 달라서 문제가 된다. 예컨대 이쪽 집에서는 쌍욕이 일상화인데, 저쪽 집에서는 소리조차 지르지 않는 분위기라면 파열음이 나고 결국 참지 못하는 쪽에서 이혼을 청구할 수도 있을 것이다.

임상에서도 부모나 장인, 장모의 욕설, 비난하는 말들로 상처받고 이 때문에 배우자에 대한 사랑도 없어진다고 하는 경우가 적지 않다. 직장 상사가 모욕적인 말을 하면 다른 직장으로 옮기면 그만이지만, 가족인 경우에는 이혼하거나 의절하지 않는 한 관계가 계속되기 때문에 상처가 아물기도 전에 자꾸 되풀이되기도 한다.

이런 상황에서 선택은 몇 가지로 압축된다. 일단 이혼을 하거나, 혹은 시댁이나 처갓집과 완전히 인연을 끊고 사는 선택도 있다. 한데 이혼을 할 만큼 배우자에 대한 애정은 식지 않았다면, 빈대 잡자고 초가삼간을 다 태울 수는 없는 노릇이다. 또 배우자의 원 부모를 완전히 보지 않고 사는 선택을 할 수가 있을 것이다. 일단 미운 상대를 보고 살지 않으니 내 정신건강에는 매우 도움이 될 것이다. 다만 배우자와의 관계가 사소한 일로 틀어질 때 문제가 될 수 있다. 즉 당신이 내 부모를 오랫동안 보지 않아서 내 체면이 깎였다, 나와 내 부모에게 상처를 줬다, 피로 엮인 사람도 서로 안 보고 사는데 이혼하면 그만인 관계는 얼마든지 끊어버릴 수 있다, 라는 식으로 배우자가 나올 가능성이 있다. 자녀들이 있을 때에는 부모가 조부모의 실수를 용서하지 않고 인연을 끊는 모습을 보면서, 자신들 역시 부모가 잘못한다면 얼마든지 서로 보지 않을 수 있다고 생각할 수도 있다. 또 조부모의 잘못은 하나하나 짚고 넘어가면서 자신의 실수에는 관대한 부모에 대해 존경심을 품기도 어렵게 된다. 자녀들이 그럴진대 배우자는 오죽하겠는가.

이렇게 여러 가능성을 미리 생각하다 보면, 시부모나 장인, 장모가 자신에게 좀 모진 말을 해도 그냥 넘어가는 것이 내게 이롭다는 계산이 나온다. 그러나 그런 논리는 머리로 하는 것이고, 가슴으로는 여전히 시댁의 폭언을 잊거나 용서하기 힘들다. 이럴 때 도움이 되는 불교설화가 하나 있다.

어느 마을에 부처님이 머물게 되었는데 어느 무뢰한이 부처님과 그 제자들에게 입에 담지 못할 말을 했다. 이런 광경을 보고도 부처님이 미동도 하지 않는 모습을 보고 제자가 물어 보았다. 어떻게 그러실 수 있느냐고. 이에 부처님은 제자에게 물었다.

"어느 집을 방문했는데, 주인장이 음식을 내와서 보니까 도저히 먹을 음식이 아니라 사양을 했다. 주인장은 그 먹지 못할 음식을 다시 치워 자기 부엌으로 가지고 갔다. 이 음식은 손님 것이냐? 아니면 주인 것이냐?"

제자들은 그 주인장 것이라 대답을 했다.

"너희에게 욕을 하는 사람들의 말을 너희가 먹지 않겠다고 사양을 한다면 그 욕은 그렇다면 누구 것이냐? 너희 것이냐? 아니면 상대방의 것이냐?"

제자들은 다시 말을 잇지 못했다.

"이미 말한 사람은 그 말을 다 잊어 버렸고, 그 말이 어느 공간에도 존재하지 않는데 여전히 네가 불쾌하다면 그것은 너희들이 그 말을 너희가 먹고 가슴속에 새긴 탓이 아니냐."

허공에서 다 사라진 말들을 내가 다시 꽁꽁 싸서 내 마음에 간직하고 안 하고는 내 몫이란 이야기다.

공짜 점심은 없다

내 삼각모자

_프리모 레비

내 삼각모자는 뾰족 챙이 세 개.
뾰족 챙이 세 개인 게 내 삼각모자.
뾰족 챙이 세 개가 아니면
내 삼각모자가 아니지……

내 삼각모자는 뾰족 챙이 세 개.
뾰족 챙이 세 개인 게 내 삼각모자.
뾰적 챙이 세 개가 아니면
내 삼각모자가 아니지……

시부모님께 경제적으로 도움받는 게 싫은

✉ ___아내가

남들은 결혼하고 이 집 저 집 월세 집 옮겨 다니느라 고생인데, 우리는 결혼 초부터 부모님이 집을 사 주셔서 그 점에 대해서는 참 고맙게 생각해. 집만 사 준 게 아니라 차도 사 주시고, 당신 직장도 소개해서 다니게 해 주시고, 어쩌면 우리가 지금처럼 살 수 있는 것의 한 80퍼센트는 당신 부모님 덕이란 것도 알아.

사실 내가 결혼할 때 친구들이나 친지들이 정말 부러워했었지. 이제 청담동 며느리 되는 거라고, 정말 좋은 집에 시집가서 이제 돈 걱정하지 않고 살아도 되니까 얼마나 좋겠냐고. 결혼식 할 때도 시댁에서 거의 모든 비용을 다 대주고, 또 패물은 얼마나 많이 해 줬는지. 다른 사람들 눈에는 내가 신데렐라처럼 보였겠지. 실제로 신데렐라이기도 했어. 항상 빚만 지고 살았고, 그러면서도 자식들에게는 뭘 잘해줬다고 곧잘 손을 벌리곤 했던 우리 부모님들에 비하면 정말 당신 부모님들은 대단하다고 생각했었지.

그런데 정말 솔직히 말하자면, 결혼하고 나서 시부모님들이 어떻게 그 많은 부를 축적했는지 알게 되고 나서는 존경심이 많이 없어졌어. 말단 공무원으로 있으면서 그 많은 재산을 어떻게 쌓았겠어.

안 봐도 뻔한 이야기지. 그럼에도 우리한테는 성실하고 정직하게 살아야 된다고 말씀하시는 게 어떤 때는 참 가소롭기까지 해. 미안해, 이런 단어를 쓰는 것에 대해서. 하지만 이 편지에서만은 좀 더 솔직했으면 하는 생각 때문이니까 이해해 주면 좋겠어.

당신들이 그렇게 우리에게 자신들의 인생을 좋게 포장하는 것까지는 좋아. 하지만 우리에게 집과 차를 사 주었다는 사실 때문에, 그리고 내가 다른 사람들보다 결혼 예물을 과하게 받았다는 사실 때문에, 날 당신들의 비서나 종처럼 생각하는 건 정말 이제는 너무 힘들고 지쳤어.

내 스케줄 같은 것은 물어보지도 않고 아무 때나 당신들 심부름 시키는 것. 아이 낳고 얼마 안 되었는데, 당신 생신이라고 일은 하지 않아도 좋으니 나와 있으라고 한 것(아무리 일을 안 해도 산모를 손님들 앞에 앉혀 놓는 건 정말 너무했던 것 같아). 아이나 남편 뒷바라지보다는 우선 시부모 명령이 최고라는 식으로 내 인생이 전부 강요당하는 것은 정말 이젠 더 이상 못 참을 것 같아.

마음 같아선, 정말 시부모님께 받은 것 다 토해 놓고 맘 편하게 살고 싶어. 당신이 시부모님 간섭 좀 막아 주고 우리끼리 살 수 있게 도와주면 안 될까?

아직은 능력이 없다고 생각하는
💬___남편이

그래. 당신 힘든 것 정말 다 잘 알아. 이 모든 것들의 원인 중 사실은 내 잘못이 제일 크지. 내가 부모님 도움 받지 않고 당당하게 살 수 있다면 당신이 지금처럼 마음 고생하지 않아도 될 텐데 말이야.

한데 난 죽었다 깨나도 지금 부모님이 우리에게 해 주는 정도로 편안하고 안락한 삶을 당신에게 누리게 해 줄 수가 없어. 내 학벌이 그렇게 나쁜 건 아니지만, 이제 경력사원으로 어딜 옮긴다 해도 최대 월급이 500만 원이나 되겠어. 만약 부모님에게 받은 집을 토해내고 우리 힘만으로 지금 사는 집을 산다면, 이자나 월세 내기도 빠듯하겠지. 부모님이 사 주신 외제차는 말할 것도 없고, 아마 당신이 지금 몰고 다니는 차의 반의 반값도 안 되는 차도 당신 몫으론 불가능할 거야.

또 부모님이 도와주시는 덕에 집에서 아이들 돌봐주고 살림도 도와주는 붙박이 아줌마를 쓰고 있는데 그것도 불가능하지. 당신 정말 아줌마 없이 혼자 살림하고, 아이 키우고, 어쩌면 부족한 돈은 어디 가서 아르바이트라도 해서 벌 수 있어? 만약 당신이 그게 가능하다면 난 지금이라도 다른 회사를 알아보고 부모님과의 인연을 끊을 수도 있어.

사실은 나도 부모님 심부름하고 다니는 것, 그 분들 비위 맞추느라 주말마다 찾아가고 여름휴가도 같이 가고 하는 이런 생활 지겹고 싫거든. 나야 밖에서 일하는 것이야 마찬가지니까 충분히 할 수 있을 것 같아. 어쩌면 집안일도 지금보다는 훨씬 더 많이 도와주려 노력할 거 같고. 그런 인생…… 가능해?

""

적지 않은 정신과 의사들이 부모들이 다 큰 자녀들을 도와주는 행동을 '독 묻은 미끼'라고 표현한다. 부모들은 자식들을 물질적으로 도와주면서 은근히 자식들이 독립하는 것을 방해하고, 자녀들은 힘들다 힘들다 하면서 돈 많은 부모들 주위를 맴돌면서 독립을 유예하는 것이다.

세상에는 공짜가 없어서, 부모에게 많은 도움을 받으면 언젠가는 여러 가지 방식으로 그것을 토해내야 한다. 지금 당장은 원하는 게 없으니 그냥 받아 쓰기만 하면 돼, 하는 식으로 부모님에게 받기만 하며 자신의 아이들을 교육한다면 아이들 역시 그런 부모를 보고 그대로 따라하게 된다. 즉, 열심히 노력하지 않고 부모 돈만 받아 쓸 생각만 하다 보면, 제대로 독립한 삶을 살 수 있는 어른으로 성장하기가 힘들다. 상투적인 이야기지만, 부자가 삼대 가기 힘든 이유다. 부모에게 받을 때는 편하지만, 그 만큼 대가를 치른다는 이야기다.

시댁이나 처갓집에서 받은 돈을 다른 회사에 나가 직장인으로서 받는다면 어쩌면 훨씬 더 상사의 눈치를 보고 더 많은 시간을 바쳐야 할 수 있다. 시부모들이 인격적으로 모멸감을 주는 것 이상으로 자존심에 상처를 받으며 직장생활을 할 수도 있다.

그러므로 부잣집에 시집가거나 장가를 가서 그 돈을 누리고 살겠다고 결심했다면 오히려 아주 전업 며느리, 혹은 사위 노릇을 하겠다고 결심하는 것도 한 가지 방법이다. 시부모나 장인, 장모를 피붙이로 생각해서 이런저런 감정에 얽히는 것보다, 직장 상사로 생각해 철저하게 중립적인 태도로 시키는 일을 해 내는 것도 한 가지 방법이다.

　만약 그런 삶이 싫다면, 이를 악물고 부모들의 도움을 받지 않고 바닥부터 차근차근 자립하도록 노력해야 할 것이다. 의존적인 부부 사이의 갈등의 뿌리는 각자 부모에게 의지하며 자기 인생에 책임지지 않으려 한다는 점을 먼저 볼 때 더 잘 풀릴 수 있다.

아이는 꼭 필요할까

밭 있지만 누가 곡식 뿌리며

_ 최승로

밭 있지만 누가 곡식 뿌리며
술 없으니 어찌 술병 잡으랴.
산새는 무슨 마음으로
봄을 만나 몰래 혼자 우나.

자녀는 인생 계획의 일부라고 생각하는 아내가

✉ ___ 남편에게

결혼하면 당연히 아이가 생겨야 하는 걸까? 지금 우리 부부가 아무 대책도 없는데 무작정 갖고 보자고 말하는 당신이 나는 참 무책임하다고 생각해. 우리 부부가 한 달에 버는 돈이 얼마인데, 이 중에 보육비, 교육비가 나가고 나면 우리 둘 몇 년에 한 번씩 불안해하면서 옮겨 다니지 않을 내 집은 어떻게 마련하고 노후 준비는 어떻게 할 건지. 정말 답이 안 나와.

설사 낳았다고 쳐. 그럼 아이한테 도대체 뭘 해 줄 수 있는데? 지금 우리 여건으로 아이를 키우면 보통 남들 하듯이 못하는 부분들이 있을 텐데, 아이한테 미안하고 가슴 아프지 않겠어? 우리 둘이 살아가기 힘든 것만으로도 충분히 벅찬데, 왜 아이한테까지 그런 삶의 어려움을 느끼게 해야 하냐고.

난 당신이 아이 갖자고 떼를 쓰는 시간에 뭐 하나라도 더 공부해서 승진 시험을 보든지, 자격증 시험을 보든지, 창업 준비를 해 보든지 해서 지금보다 더 나은 생활을 하도록 노력해야 하는 거 아닐까 싶어. 결혼 전에 당신이 하던 말과 다르잖아 지금. 당신이 별다른 꿈도, 야망도 없이 이렇게 시간을 흘려보내는 것이 참 이해가 가지 않고, 어떨 때는 속상하기도 해.

자녀는 신의 축복이라고 믿는 남편이

💬 _ _ _ 아 내 에 게

앞날에 대해 비전을 갖게 해 주지도 못하고, 현재 상황이 더 개선될
거라는 확신도 주지 못한 채, 당신에게 아이부터 먼저 갖자고 말한
내가 우선 좀 부끄럽네. 나는 당신만큼 커다란 꿈을 갖고 살기보다
는 현재의 내 모습에 집중하면서 행복하게 사는 것이 너무 좋았던
사람이라서 솔직히 당신처럼 악착같지 못하다는 사실, 새삼 절감하
게 되네.

여자지만 내가 갖지 못한 야망이나 비전을 당신이 갖고 있어서
존경스럽고, 놀랍기도 하고, 또 멋져 보여서 당신과 결혼했던 것, 요
즘엔 아마 잊고 지냈나 봐. 아니, 애써 잊어버리려고 노력했는지도
모르지.

당신은 정말 아름다운 여자고 능력 있는 여자지만 때론 무서울
때가 있다는 것, 혹시 당신도 알고 있을까? 물론 나 보고 괜스레 자

격지심 갖는 거라고, 또 내가 자신이 없어서 그렇다고 말할 수도 있겠지. 난 어려서부터 누구와 싸워서 이기는 것 따위는 관심이 없었어. 혼자 모형 만들면서 놀고, 음악 듣고, 라디오 고치고 그런 거 하면서 시간을 보낼 때가 제일 행복했지. 그래도 내가 남부럽지 않게 학교를 마치고 직장도 얻고 또 당신처럼 멋진 여자와 결혼할 수 있었던 가장 큰 이유는 내 동생들 때문이라고 생각해. 소심하고 조용한 나에 비해 내 동생들은 시끄럽고 적극적이고 친화적이라서 항상 내게는 든든한 뒷심이었지. 형이 자기들보다 얌전하고 약해도 나이 차이 나는 형이라고 항상 존중해 주고 대화를 할 때도 무시하지 않았던 동생들이 난 항상 고마웠어.

당신 눈에는 내 동생들이 지나치게 형하고 가깝고, 또 만나면 시끄럽기만 한 것 같아 못마땅할지 모르지만, 나는 사실 동생들이랑 있을 때가 가장 마음이 편해. 이제 우리 모두 결혼을 해서 다 서로 만날 시간이 없다는 것이 그래서 때론 많이 아쉬울 때가 있어.

꼭 그렇다고 동생들 대신 아이를 가지고 싶다고 하는 건 아니야. 내가 하고 싶은 말은, 이 세상 어떤 관계보다 나는 동생들과의 추억이 제일 행복했고, 그래서 동생들을 낳아준 어머니, 아버지에게 감사하단 사실이야. 비록 우리 집은 당신 집만큼 부유하지도 않고, 또 우리 아버지는 장인어른만큼 유능하신 분은 아니지만, 나는 한 번도 우리 가족이 많이 부족하거나 불행하다고 생각하지는 않았어.

출중한 능력은 없으셨지만, 아버지, 어머니는 우리에게 그분들이 할 수 있는 최선의 사랑과 보살핌을 베풀어 주셨고, 또 동생들과 내가 서로 사랑하며 살 수 있도록 기본적인 것을 가르쳐 주셨으니까.

그래서 나는 당신처럼 아이를 꼭 돈과 연결시키려는 사람들이 때론 참 측은해. 이 세상 무엇을 다 준다 해도 바꿀 수 없는 것이 가족과의 사랑인데, 아이를 키우면서 누리는 기쁨과 행복이 얼마나 큰지 그걸 왜 모를까.

이제 내일 모레면 나도 마흔이 다 되어가고 당신도 이미 서른다섯 살이 넘었는데 가끔 나는 과연 우리가 아이를 가질 수는 있을까 걱정이 돼. 일이나 돈은 꼭 지금 움켜쥐지 않아도 나중에라도 얼마든지 기회가 오지만 아이만큼은 젊은 날이 가면 다시 올 수 없는데 말이야. 당신 정말 다시 한 번만 생각을 바꿔보면 안 될까? 내가 정말 뼈가 빠지게 일을 해서라도 그 아이, 최선을 다해 키울 테니까 말이야.

요즘에는 대개 아이를 계획해서 준비가 되면 가지겠다는 젊은 부모들이 너무 많다. 돈이 많으면 좋은 해에 시간까지 계산해서 임신촉진제와 배란유도제를 맞아 가면서 아이를 가지려 하고, 돈이 없으면 모일 때까지 아이를 갖지 않으려 한다. 그러나 촉진제와 유도제의 부작용은 생각 않고, 임신에 지나치게 집착하면 오히려 신체가 긴장이 되어 임신이 되지 않는다는 점을 모른다. 또 부자가 될 때까지 아이를 갖지 않겠다고 미루다 보면 막상 갖고 싶을 때 자신들의 정자와 난자가 너무나 늙어 버려 건강한 출산을 못하는 경우가 많음을 간과한다.

옛날 어른들 말대로 아이는 삼신할머니가 점지해 주는 대로 받는 게 현실적으로 오히려 현명해 보이기도 하다. 운명은 개척하고 조절해야 할 때도 있지만, 많은 경우 순종하고 받아들이는 게 결과적으로 보람 있을 때가 많다. 피할 수 없으면 받아들이고, 고생에서 의미를 찾을 때 진정한 어른이 되기도 한다. 출산율이 낮아지는 것은 단순히 보육환경이 나빠서만은 아니다. 그렇게 따지자면, 전쟁이 끝나 하루 끼니를 때우기도 힘들었을 때, 왜 그렇게 아이를 많이 낳았겠는가. 아이가 비뚤어지는 것은 가난해서가 아니라, 부모의 심성이 비뚤어져 있기 때문인 경우가 훨씬 많다. 돈으로 키우는 아이는 돈이 떨어지거나 돈을 주는 부모가 없어지면 살 수 있는 에너지를 잃어버리지만, 사랑으로 키우는 아이는 그 사랑을 내면화해서 외부의 자원이 없으면 내적인 자원을 끄집어내서라도 생존해 나간다.

물론 대책 없이 아이부터 낳고 보자는 무책임함을 부추기는 것은 아니다. 모자라지만 최선을 다해서 정상인으로서 '충분히 좋은 부모Good enough parents'가 되는 것은 꼭 필요하다. 그렇다면 정상인으로서 충분히 좋은 부모란 어떤 사람인가? 보통 생각처럼 한 달에 얼마 이상은 벌어야 하며, 그래서 고가의 유모차를 몰 수 있고 수업료가 비싼 외국어 유치원을 보내며 유기농 식단에 돈을 아끼지 않을 수 있는 부모가 충분히 좋은 부모는 절대 아니다. 그보다는 아이에게 옳고 그른 것, 태어난 이상 자립적으로 살면서 열심히 일해야 한다는 사실, 내 이기심도 중요하지만 다른 사람들을 배려하는 마음의 자세 역시 꼭 필요하다는 것, 화가 나고 불행할 때도 자기 자신을 조절해서 온전한 생활을 할 수 있을 정도를 가르쳐 줄 수만 있다면 누구나 충분히 좋은 부모라 할 수 있다. 물론 이런 조건들은 특별히 돈이 들어가는 것은 아니지만, 결코 실천하기에 쉽지 않다는 사실은 맞다. 남들 눈에 띄지는 않지만 열심히 노력을 기울여야 될 수 있는 것이 충분히 좋은 부모이기도 하다.

다만, 그럼에도 불구하고 아이를 낳기 싫어하는 불안한 배우자의 마음은 헤아려줄 필요가 있다. 어려서 부모와 긍정적인 관계를 맺지 못하고 특히 불행했던 어린 시절을 보냈거나 부모나 형제간의 우애가 좋지 않을 경우엔 또 다른 가족 구성원을 만든다는 사실 자체가 꺼려질 수도 있기 때문이다. 또 항상 경제적인 결핍감에 시달렸기 때문에 아이를 키울 때 부담해야 하는 경제적 책임에 대한 공포심을 갖고 있는 이들의 마음도 어느 정도는 안심시켜 주어야 할 필요가 있다.

아이를 중심으로 돌아가는 집

성탄제

_ 김종길

어두운 방 안엔
바알간 숯불이 피고
외로이 늙으신 할머니가
애처로이 잦아지는 어린 목숨을 지키고 계시었다.

이윽고 눈 속을
아버지가 약을 가지고 돌아오시었다.

아, 아버지가 눈을 헤치고 따 오신
그 붉은 산수유 열매
나는 한 마리 어린 짐승,
젊은 아버지의 서느런 옷자락에
열로 상기한 볼을 말없이 부비는 것이었다.

이따금 뒷문을 눈이 치고 있었다.
그날 밤이 어쩌면 성탄제의 밤이었을지도 모른다.

어느새 나도
그때의 아버지만큼 나이를 먹었다.
옛것이라곤 거의 찾아 볼 길 없는
성탄제 가까운 도시에는
이제 반가운 그 옛날의 것이 내리는데,

서루운 서른 살, 나의 이마에
불현 듯 아버지의 서느런 옷자락을 느끼는 것은,

눈 속에 따오신 산수유 붉은 알알이
아직도 내 혈액 속에 녹아 흐르는 까닭일까.

아이를 낳은 후 남편 사랑을 뺏겼다고 생각하는
✉ ＿＿＿부인이

아이가 생기고 나니, 당신이 나한테는 전혀 관심도 주지 않고, 오로지 아이만 예뻐하는 것 같아 샘이 나. 엄마가 돼서 이런 생각을 하는 내가 당황스럽지만, 솔직하게 말을 해야 할 것 같아. 다른 사람들은 아이를 낳으면 낳는 그 순간부터 아이에 대한 애정이 샘솟듯 한다던데, 나는 그렇게까지는 아닌 듯해. 이런 내 모습을 남들이 알까 봐 너무 창피하고 무엇보다 속상해. 여자가 되어서 왜 어머니가 된 내가 불편한지 나도 당황스러워. 무엇보다 우리 사랑으로 낳은 아이 앞에서 마치 아이처럼 사랑을 뺏겼다고 툴툴거린다면 아이가 나중에 날 어떻게 생각할지 걱정도 돼.

하지만 정말 자존심 상하는 말이지만, 당신이 퇴근 후, 먼저 아이한테 달려가지 말고 내 얼굴부터 한번 봐주고 말 한번 걸어주면 안 될까? 아이 가지기 전 모든 게 우리 부부 중심이었던 것처럼 다시 될 수는 없을까? 난 가끔 겁이 나. 아직 아이가 강보에 싸여 있는데도 이렇게 당신과 나 사이를 거대하게 가로 막는데, 앞으로 저 아이가 커서 우리 집 운명이 전부 저 아이에게 달려 있게 되는 시점이 온다면, 아이 앞에 어떤 일이 일어나도 우리 부부가 서로 사랑할 수 있을까 하는 걱정이야.

주변에서 아이를 잘못 키웠다고 자기 아내를 탓하는 남편들, 또 아이 때문에 부부가 기러기 가족으로 살다가 결국 헤어지는 가정, 오로지 아이 뒷바라지만 하다 보니 남편이 바람난 줄도 모르고 산 아내들 얘기를 접하곤 해. 너무 생각이 앞서 가지? 나도 아는데 그 래도 지금부터 우리가 그렇게 되지 않도록 서로 더 관심 갖고 그렇 게 살면 좋겠어.

아이를 사랑하는 게 곧 부인을 사랑하는 거라 생각하는

💬 ___ 남편이

당신이 그렇게까지 느끼는 줄 몰랐네. 난 당신이 일도 하고 집안 살 림도 하면서 아이 보는 게 안쓰러워서 일부러 더 아이를 내가 잘 보 았던 건데, 당신이 그 때문에 사랑을 뺏겼다고 말하는 게 솔직히 좀 당황스럽기는 해. 내가 밖에서 낳아 가지고 온 것도 아니고, 우 리 사랑의 결실인데 말이야. 게다가 아이가 당신을 닮아 아주 예쁜 딸인데. 난, 당신이 내가 아이를 사랑하는 것보다 더 아이를 사랑하는 줄만 알았는데?

가만 생각해 보니, 아이를 낳은 후 우리 부부가 데이트 한 번 변변하게 못 해 본 건 사실이네. 하지만 우리가 맞벌이를 하기 때문에 아이랑 같이 보내는 시간이 절대적으로 부족하잖아. 그래서 정말 시간을 아껴가면서 일부러라도 아이랑 시간을 더 보내려고 한 것뿐인데. 게다가 아이의 뇌랑 성격이 세 살 이전에 많이 형성된다는 소리를 들은 후엔 특히 더 아이랑 좋은 자극을 서로 나누려고 하는데. 그게 당신에게 소외감을 느끼게 한다는 사실은 미처 몰랐네.

가만 돌이켜 보니, 아이 목욕을 시킬 때, 아이 우윳병을 물릴 때 좀 심상하다, 생각은 했었어. 형제가 없는 난 모든 게 신기했고 당신은 동생들이 많았으니 그다지 새로운 게 아니었을 수도 있겠지. 외동으로 살아서 정말 형제가 많았으면 좋겠다는 생각을 참 많이 한 나랑 달리, 당신은 가끔 동생들이 귀찮았다는 이야기를 내게 한 것도 같네.

여하튼, 이제 당신 마음을 알았으니까, 앞으론 좀 더 당신에게 관심을 기울일 테니까, 당신도 우리 아이를 내가 예뻐할 때마다 그게 바로 당신에 대한 내 충성심과 사랑이란 거, 정말 꼭 알아 줬으면 해.

일반적인 생각과 달리, 여성에게도 각종 사회활동과 강한 성취지향적 삶을 요구하는 현대에 모성은 저절로 자연스럽게 주어지는 품성은 아니다. 특히 어린 시절 어머니에게 충분한 사랑을 받지 못하고 유모 등이 대신 키워준 경우, 성장하면서 어머니와 여러 가지 갈등이 많았던 경우, 형제끼리의 경쟁심이 극도로 심해서 어린 시절 갓난 아기에 대한 적개심을 가졌던 경우 등엔 모성이 자연스럽게 찾아오지 않을 수 있다.

반대로 모성에 대해 너무 완벽한 요구를 타인이나 자신이 하는 경우에도 아이가 불편해질 수 있다. 아이가 태어나기 전, 나는 이러이러한 좋은 어머니가 되어야지 하고 다짐하고 또 다짐했는데, 또 정말 자신만만했는데, 막상 아이를 앞에 두니 뭘 어떻게 할지 막막하고 당황스러울 수 있다. 과거엔 젊은 어머니를 도와줄 수 있는 조언자들이 많았지만, 도시의 핵가족에서 그런 도움을 편안하게 받을 가능성은 상대적으로 떨어진다. 예컨대 시어머니나 친정어머니가 산후조리를 해 주기 위해 젊은 산모를 방문했을 때 의외로 여러 가지 갈등이 점화되는 경우가 많다. 어른들의 조언은 잔소리로 이해되고, 젊은 산모의 불안에서 오는 불평은 시어머니나 친정어머니에게는 고마워할

4_ 갈수록 복잡해지는 문제 앞에서 현명하려면

줄 모르는 뻔뻔함으로 비치는 경우가 많아서 결국 산후조리원으로 결정하게 되는 것이다. 산모가 가장 도움이 필요한 시기에도 조리원을 택하는데, 그 이후 집안 어른들에게 육아 도움을 받을 가능성이 높을 수 없다. 자연스레 아이를 키우는 일에 대한 과중한 부담감, 어머니로서 완벽하지 못한 자신에 대한 불안과 의심이 배우자의 사랑에 대한 의심으로 번져 가게 되는 것이다.

극단적으로 보자면 남편에게 안정된 사랑을 받지 못하고 현실이 불안한 산모들이 산후우울증으로 아이를 해치게 되는 정신역동과도 통한다. 무엇보다 아이가 태어난 후, 양육 스트레스로 힘든 부부가 서로에게 오해가 없도록 자신들의 감정을 따뜻하게 나누고, 솔직한 대화를 이어가는 것이 도움이 된다.

동서 지간에 꼭 한 번은 겪는 일

사막

_ 랭스턴 휴즈

누구도
다른 이보다 나은 삶을 살지 않는다.

땅거미 지는 황량한 그곳,
땅을 기는 뱀조차
겁에 질려
모래를 헤맨다.

이 외로운 세상,
누구도
다른 이보다 나은 삶을 살지 않는다.

시어머니를 모셔야 하는 아랫동서가

✉ ___ 맏동서에게

형님. 오랜만에 말씀을 드리게 되니, 한편으로는 가슴이 떨리고, 한편으로는 기대도 되고 그러네요. 우리가 시어머니를 모시고 온 지 벌써 일 년이 넘었습니다. 물론 십여 년을 모시고 살았던 형님보다 훨씬 더 짧은 시간이지만, 어머님의 건강도 안 좋으시고, 가끔 치매가 오는 건지 기억을 못하셔서 자꾸 딴소리를 하시네요. 이상한 걸로 절 의심도 하시구요. 자꾸 뭘 훔쳐갔다 말씀하실 때는 정말 기분이 나빠서 견딜 수가 없을 때가 많아요.

몸은 건강하셔서 앞으로 얼마나 더 저희가 이런 상태로 견딜 수 있을지 잘 모르겠어요. 우리는 어머님이 그러시는 걸 그냥 치매로 생각하고 넘어가고 있지만, 형님은 어머님하고 정말 치열하게 많이 다투셨지요. 그래서 어머님을 더 이상 볼 수 없다고 말씀하셨다는 것도 압니다. 형님에게 정말 마음 후벼 파는 이야기를 하셨다는 것도 익히 들어서 알고 있구요. 그래서 저희가 모시기로 할 때, 저도 형님에게는 뭐라 할 수가 없었지요. 솔직히 치매가 온 부모님은 병원이나 요양원에서 모셔야 한다는 게 제 생각이지만, 워낙 남편들이랑 시누이들이 강경해서 제 의견을 낼 수는 없었어요. 한편으로는

240

노인네가 사시면 얼마나 사시겠느냐는 생각으로 모시고 온 거였는데. 막상 모시고 보니까 그게 아니더군요.

머리는 치매가 와서 나빠지셨지만, 목소리도 쩡쩡하시고, 눈도 밝으셔서 집안 일 하나하나 감시하고 참견하시려고 하지요. 또, 하루 종일 마루에서 텔레비전을 있는 대로 크게 틀어 놓고 계시지요. 덕분에 우리 가족은 마루가 없는 생활을 하고 있습니다. 전에는 가족끼리 오순도순 재미있는 텔레비전 프로도 보고, 음악도 듣고 했는데, 이젠 아이들도 집에 일찍 들어오지 않아요. 남편도 주말이면 꼭 무슨 약속을 잡아서 나가구요. 저만 집에서 어머니와 얼굴 맞대고 있어야 하는 형편이니, 정말 미치겠을 때도 많아요. 물론 요즘엔 치매 판정을 받아서 그나마 간병해 주는 요양사가 와서 다행이에요. 하지만 저도 이제 내일모레면 환갑인데 이렇게 좋은 날을 허비하고 있어야 한다는 게 정말 화가 나요.

이런 말 하긴 정말 뭐하지만, 형님이 고생하시긴 했지만, 그래도 돌아가신 아버지 재산의 대부분을 가져가셨잖아요. 그런데 이제 와서 어머니를 못 모시겠다고 하고 저희에게 어머님을 모셔다 놓고는 들여다보지도 않으시니. 정말 저희로서는 미칠 노릇이고 형님 내외분이 정말 가족인가 하는 생각도 들어요. 이제는 저도 더 이상 참지 못할 것 같아서, 남편에게 이혼을 하든 요양원으로 모셔다드리든 하라는 이야기도 했어요. 그랬더니 남편이 이혼하자더군요. 늙은 어머님을 아주버님은 버리실 수 있지만, 우리 남편은 그렇지 못한가 봐요. 형님, 저 좀 도와주세요.

시어머님과 원한을 풀지 못하는 맏동서가
💬___아 랫 동 서 에 게

동서. 정말 미안해. 내가 동서 볼 면목이 없네. 우선, 아버님께 받은 유산, 지금 당장은 땅에 묶여 있고, 애들 등록금 때문에 어떻게 하지 못하지만, 땅만 팔리면 얼마라도 동서에게 나누어 줄게. 나, 그렇게 나쁜 사람은 아니야. 조금만 기다려줘.

그리고 어머님을 내가 계속 모시는 게 맏며느리로서 도리이긴 하지만, 이젠 나도 여기저기 병이 나서 더 이상은 감당이 안 되네. 어머님 성격이 별나시잖아. 동서는 그런 말 듣지 않았지만, 나는 정말 입에 차마 담을 수 없는 욕도 많이 들었어. 어머님 계실 때는 방석 하나 신발 하나도 집에 내 마음대로 사 갖고 들어오지 못했고. 하다못해 아이들 과외도 마음대로 시키지 못했어. 부부가 어딜 나가면 또 어딜 나가나 하고 역정을 내시고……

어머님하고 산 세월은 그야말로 감옥살이만큼이나 끔찍했었지. 그렇게 십수 년이 흘러가다 보니 남편하고 사이도 나빠지고, 아이들과도 멀어지더군. 어머님이 우리 집에서 나가실 때는 정말 집이 그냥 콩가루처럼 무너져 가고 있을 때였어. 남편이 더 이상은 버티기 힘들 것 같아서 어머님하고 헤어진 거야.

나나 어머님을 이해해달라고 하는 건 아니야. 그냥, 좀 봐달라는 거야. 그래도 나보다 건강하고 배운 것도 많고 가진 것도 많은 동서가 날 좀 불쌍하게 생각해서 몇 년만 좀 어머님 돌봐 드리면 안 될까? 꼭 부탁이야. 정말 미안해……

장수하는 노인들이 많아지면서 집집마다 늙은 부모님을 돌보고 모시는 문제로 형제들 간 우애가 금이 가는 경우가 적지 않다. 과거의 방식대로 하자면 노인들이 똥칠을 해도 자녀들이 기저귀를 갈아주고 음식을 먹여 드려야 하지만, 요즘 그렇게 하다 보면, 가업을 포기하고 가난의 밑바닥으로 떨어지기 십상이다. 다행히 요양원, 실버타운, 간병인 제도 등이 있어서 많이 보완이 되어 가고 있지만, 아직 미비한 점이 많다.

이런저런 이해관계, 그간의 묵은 감정들 때문에 형제들끼리 대화가 특히 어려운 집안에서 늙은 부모님 간병과 모시는 문제로 큰 원수가 되는 경우가 많다. 이를 방지하기 위해선, 무엇보다 노인들 자신이 자식들에게 노후를 의탁하지 않고도 독립적으로 살아가는 방법을 배워나가야 한다. 또, 자녀들의 입장에서도 아주 솔직하게 자신의 형편과 감정을 서로서로 나누고, 자신들이 할 수 있는 만큼이 어디까지인지 서로 조정해 나가는 것이 필요하다. 불쑥 나오는 기분에 휘말려서, 생산적인 논의는 하지 않고 서로 삿대질만 하고 언성만 높인다면 문제가 해결되지 않는다는 점을 꼭 염두에 두어야 한다. 깊이 들어가 보면, 사실은 모두가 자신들이 가장 손해를 많이 보고 있고 희생하고 있다고 생각하는 경향이 있다. 남의 떡이 더 크고 남의 집 뜰의 잔디는 항상 푸르러 보이는 법이니까. 모두들 내가 손해를 좀 보겠다고 생각한다면 결국 모두 이익인 관계가 되지만, 모두들 나는 손해를 절대 보지 않고 이익만 보겠다고 한다면 가족이라는 틀은 유지될 수가 없다. 무릇 어떤 관계가 이익만 볼 수 있겠는가.

5

이별에도 내공이
필요하다

나이 든 부모가 있어야 할 곳

풍경

_ 류근

보리밭 끝에 자전거를 멈추고
아들과 함께 나는 하늘을 보네
구름은 가볍게 은비늘을 펼치며 흘러가고
찔레꽃은 이미 청춘을 지나
돌이킬 수 없는 시절 쪽으로 깊어져 있네
얼마나 먼 길을 떠돌아서
나는 비로소 이 길에 자전거를 멈추었나
세상의 언어를 모르는 아들 입술에
종달새 같은 지저귐이 반짝 빛나고
세상을 향해 굳어진 내 어깨 위로

보리밭은 황금의 숨결을 내려놓네
너무 늦게서야 나는 나의 괴로운
자전거 바퀴를 멈춘 게 아닌가
보리밭 두던에 가만히 자전거를 기대어 두고
어린 아들의 손바닥 위에 나는
말없이 보리 이삭 한 개를 쥐여주네

잘 있어라,

✉ _ _ _ 내 아들아

이제 곧 정든 집을 떠나 내가 가기로 정한 시니어타운으로 들어갈 날이 되었구나. 칠십이 넘은 지도 한참 되었는데 내게 이런 날이 오리라고는 생각을 못하고 있다 막상 날짜가 닥치니 실감이 나지 않는다.

죽기 바로 전까지 건강하고 독립적으로 살 수 있을 거라고 막연히 생각했고, 또 아들이 있으니 아들, 며느리, 손자, 손녀와 다복하게 사는 모습도 꿈꾸었지. 아버지가 젊었을 때만해도 노인들은 당연히 자손들이 돌보고 부양하는 것으로 생각했기 때문에, 어린 너희들에게 모든 것을 쏟아 부을 때 이 아버지의 노후가 불안할 것이라고는 전혀 상상도 하지 못했다. 그런데 이제 세상이 바뀌어서 늙은 부모와 함께 살고 싶어 하는 젊은 사람들은 거의 찾아 볼 수가 없다. 그런 자녀들 눈치 보기가 싫어서 차갑기만 한 자녀들과 같이 사느니 차라리 양로원에 들어가겠다고 말하는 게 내 주위 모든 노인들이 하는 얘기들이다.

그리고 말이 함께 사는 것이지, 아침만 먹으면 종로로 삼청공원으로 전철을 타고 천안으로 가는 것이 일이 아니니. 나 혼자 사는 집이 있으면 만사가 귀찮아 집에 하루 종일 있어도 누구 눈치 볼 일이 없고 좋을 것 같다는 생각을 아주 오래전부터 했다. 하지만 집 값이 너무 비싸고 생활비 부담이 만만치 않을 것 같아 포기하고 살았다. 그렇다고 너희들에게 손을 벌릴 수도 없는 노릇이었는데, 마침 팔리지도 않는 땅이 국가에 귀속이 된다니 얼른 팔게 되더구나. 그 땅을 너희들에게 물려줘 봤자 고마워 할 것 같지도 않고, 그렇다고 내려가서 농사를 지을 체력은 되지 않아 난감했는데 너무 잘 된 것 같다. 고향 땅은 사실 조상 묘도 있고 해서 팔기가 찜찜했는데, 큰맘 먹고 조상 묘도 이참에 다 정리해서 화장을 해버렸으니, 내 속이 다 시원한 것 같구나. 저세상 가서 조상님들 뵐 면목이 없긴 하다만, 그 죄를 다 이 아비가 지고 가서 벌을 받아도 내가 받는 것이 너희들을 위한 내 마지막 사랑이라고 생각해 주면 좋겠다. 제사가 도대체 아무 의미가 없다고 믿는 너희들이니 조상님 면목 운운하는 이 아비의 말도 별 의미가 없겠지만 말이다. 어쨌건, 내가 죽고 나면 시니어 타운에 묻어 둔 돈을 너희들이 균등하게 받을 수 있으니 끝은 다 좋지 않을까 싶다. 그동안 나와 네 어머니 때문에 고생한 바도 많으니 아버지의 성의로 생각해 주면 좋겠다.

항상 건강하던 너희 어머니가 갑자기 뇌출혈로 쓰러지면서 사실 나보다 너희들이 더 고생이었다는 사실, 이 아비는 항상 잊지 않고 있다. 특히 나 대신 피 한 방울 섞이지 않은 시어머니 옷을 갈아 입

5_ 이별에도 내공이 필요하다

혀 주고 목욕도 시켜 주려 노력한 며느리들에게 미안하고, 또 백년 손님인 사위가 병원비도 보태 준 것에 대해 감사하게 생각한다. 이 아비가 더 능력이 많아서 너희들에게 일절 폐를 끼치지 않아야 할 터인데. 네 어머니의 수술비와 병원비가 눈덩이처럼 불어나면서 집을 팔아도 감당이 되지 않더구나. 그나마 다행인지 네 어미가 전세 값 정도는 남았을 때 저세상으로 가 줘서, 임종을 지키며 눈물을 흘리는 너희들을 보면서 이 아비는 속으로 "여보, 고맙네. 그리고 정말 참 밉네" 하고 생각했었다. 그나마 자식들이 왜 이리 빨리 가시냐고 슬퍼할 수 있을 때 가는 네 엄마가 부러웠고, 또 자식들에게 적당히 효도할 수 있는 기회를 주고 가는 것도 고마웠었다.

그러나 그때부터 지금까지 제일 무섭고 걱정스러운 것은 내가 너희 어머니처럼 정신을 잃고 쓰러졌을 때, 그래서 몸은 가눌 수 없는데 정신은 말짱할 때, 과연 누가 내 옷을 갈아 입혀주고, 내 기저귀를 갈아 줄 것인가이다. 일하느라고 정신없는 아들들, 또 사위들에게 그런 짐을 지게 하기는 정말 싫고, 딸이나 며느리가 내 병구완을 하는 것은 상상만 해도 끔찍하다. 그렇다고 비싼 간병인을 쓸 처지도 아니라고 생각하니 난감하기도 하고. 아내가 더 오래 살아서 쓰러진 내 친구들을 간병하는 모습들이 그렇게 부럽기도 했었다.

이제 다행히 시니어 타운에 가서, 만약에 쓰러지게 되면 그 옆 시니어 병원으로 갈 수 있게 되었잖니. 아예 심폐 소생술이나 위장관

삽관 등 각종 연명치료를 하지 않는다는 각서를 쓰고 가게 되었으니 더더욱 안심이 된다. 바쁜 너희들을 귀찮게 하지 않고 내 죽음도 내가 책임질 수 있어야 진짜 어른이란 생각이 드는구나. 물론 이 아버지도 걱정이 되지 않는 것은 아니다. 혹시라도 나중에 몸이 내 맘대로 되지 않을 때, 간병인이 남들 보지 않을 때 함부로 하면 어쩌나 싶고. 그런 처지가 되지 않도록 사실 아버지는 오래전부터 몰래 약을 모아 놓고 있었다. 물론 절대로 우울증 때문에 너희들을 원망하면서 자살하겠다는 얘기는 아니다. 다만, 내가 인간으로서 존엄하게 살 자신이 없다면, 쓸데없이 내 늙고 병든 몸뚱아리에 돈 써가면서 생명을 부지하고 싶지는 않다는 게 내 뜻이니 존중해주길 바란다.

그동안 나를 가까운 곁에 두고 반찬이니 청소니 신경 써 줬던 며느리들과 딸들에게 다시 한 번 감사하는 말을 전하고 싶다.

죄송합니다,

💬 ___아 버 지

아버지. 아버지께서 굳게 결심하신 것이니 제가 뭐라 말씀드릴 수는 없었지만, 처음에 집을 정리하고 노인들만 계시는 곳으로 들어가시겠다고 했을 때 정말 제 마음이 복잡했습니다. 어머님께서 돌아가셨을 때보다야 덜하지만, 꼭 아버지마저 제 곁을 떠나는 것 같아 참 힘들었습니다. 아마 저와 제 처가 아버님 마음이 편하게 잘 모셨으면 그런 생각도 아예 하지 않으셨겠지요. 제가 더 아버님이나 집사람을 위해 신경 쓰고 베풀며 살았다면 지금 같은 일은 없었을 텐데 하는 생각 때문에 부끄럽고 참담하기까지 합니다. 회사일과 사회생활이 바쁘다는 핑계로 제가 집에 대해 최선을 다하지 않았기 때문에 결국 아버님도 집사람도 그동안 마음에 앙금이 쌓이게 되지 않았을까요.

아버님이 혼자 사시겠다고 짐을 싸는 뒷모습을 보면서 저도 제 앞날을 생각해 보았습니다. 지금이야 아이들, 아내, 일 같은 것들에 둘러싸여 제 자신을 돌아볼 여유조차 없지만, 만약 제가 일을 그만두는 날, 그리고 아이들도 각자의 일과 짝을 찾아 제 곁을 떠나는 날, 또 어쩌면 지금 별로 사이가 좋지 않은 아내가 홀연히 이혼을 선언하고 저를 떠나는 날, 혹은 아내가 저보다 먼저 세상을 떠나는 날 등을 상상해 보면 참 끔찍하네요.

어쩌면 지금처럼 아무 생각 없이 사는 저에게 노년에 대한 마음과 몸의 준비를 미리 하라고 아버님께서 먼저 길을 터 주시는가 하는 생각도 드네요. 언제까지나 젊을 줄 알았는데 벌써 마흔을 넘

5_ 이별에도 내공이 필요하다

고 쉰 살을 바라보니, 회사도 집도 제게는 무언가 탄탄하게 보장되는 버팀목이 아닌 것 같습니다. 일만 하다 보니 가족에게 소홀했던 제 탓이 크겠지요. 그렇지만 집에 돌아와도 아무도 진심으로 반가워 해주는 것 같지 않은 느낌이 언제부턴가 들더군요. 회사 역시 아랫사람들의 숫자가 많아질수록 제가 나타날 때 뭔가 분위기가 싸하고 경직된다는 느낌이 오더군요. 제가 일부러 실없는 소리를 하면 부하직원들이 웃는 모습에서 뭔가 과장되게 꾸미고 있다는 느낌도 들구요. 제가 너무 지나치게 짐작하는 건지 모르겠지만. 아버지의 뒷모습이 결국 제 뒷모습이 되지 않겠어요.

아버지, 적어도 십 년은 더 사세요. 그래서 어쩌면 제가 아버님이 계신 곳으로 따라갈 수 있는 때까지 건강하세요. 저도 환갑만 넘으면 아버님 계신 곳으로 가고 싶습니다. 친구들이 많고 아이들을 좀 더 돌봐야 한다고 말하는 아내는 어쩌면 저를 따라오지 않을지도 모르겠어요. 솔직히 말하자면, 어쩌면 저도 그때쯤이면 아버지처럼 가족들과 떨어져 살고 싶을지도 모르구요. 그때가 되면 제가 젊은 시절에 정말 하고 싶었던 텃밭 가꾸며 살기, 하루 종일 바둑 두기 같은 것을 신선처럼 무심하게 하면서 살 수 있지 않을까요. 나름대로 인터넷도 할 줄 아니 또 그 안에서 이런저런 동호회 활동을 할 수도 있구요. 그러면서 내 가족을 위해 뼈 빠지게 일하지만 별로 안팎으로 인정도 받지 못하는 그런 삶이 아니라 진짜 나를 위한 삶을 살 수 있을지도 모르겠네요.

아버님, 죄송합니다. 또 아버님 앞에서 제 걱정만 하고 제 이야기만 하고 있네요. 연로하신 아버님이 혼자 지내시면 어떨지는 걱정도 하지 않고 말이죠. 그럼 긴말은 접겠습니다. 그리고 아버님, 저 혼자라도 자주 찾아뵙겠습니다. 건강하게, 저하고 곧 동무하시면서 사시죠!

"

이제 대부분의 노인들은 자식들이 같이 살자고 할까 봐 두렵다. 과
거에는 자식들이 자신을 두고 따로 사는 것에 분노하고 슬퍼했다면
이제는 동거하겠다고 하는 자녀가 오히려 부담스럽다. 연금이나 임대
료 나오는 것 내놓으라고 하는 경우, 자녀들을 맡겨놓고 책임감도 없
고 육아비용도 주지 않는 경우 등이 적지 않기 때문이다.

자녀들 입장에서는 일단 같이 산다는 것 자체가 스트레스라고 느
낀다. 육아에 대해서도 부모에게 결정을 맡기지 않고 일일이 간섭하
는 조부모들 때문에 힘들다고 하는 것이 젊은 부모들의 입장이다. 또
살림 역시 젊은 사람들의 방식을 인정하지 않고 가치평가를 하거나
호통을 치는 부모들 때문에 같이 사는 순간순간들이 너무 괴롭다는
이들도 적지 않다. 특히 부엌을 함께 쓸 경우, 살림을 섞어서 같이해
야만 하는 경우 등, 참으로 자잘한 문제들 때문에 부딪치고 상처받
는다. 만약 꼭 나이든 부모와 성인 자녀가 같이 살아야 하는 경우라
면 서로의 경계와 입장이 좀 더 명확해질 수 있도록 정중하지만 솔
직하게 대화하는 연습이 필요하다. 특히 노인들의 입장에서는 젊은
이들이 여러 가지로 부족한 점이 많다 하더라도 시행착오를 겪으며
나름대로 어른 역할을 배워갈 수 있도록 기다려 주고 한 발 물러서

주는 것도 필요하다.

그럼에도 불구하고 동거하는 것이 힘들다면, 각자가 자신이 가장 편하다고 느끼는 공간으로 옮겨서 서로에게 독립적인 공간을 허락하는 것도 한 방법이다. 물론 처음에는 독립에 대한 공포가 어느 한 쪽에 더 있을 수 있다. 노인이건 젊은이건 주로 자신들이 약자라고 느끼는 쪽이 아마 더 '버림받았다'라는 생각으로 분노나 우울을 경험할 가능성이 높다. 이때 '약자'란 반드시 경제적인 능력만을 의미하는 것이 아니라 정신적인 자아 강도를 의미한다. 비교적 다른 사람에게 의존하지 않고 남의 시선에 좌우되지 않으면서 뭐든 혼자 스스로 잘 하는 이들의 경우는 자식들과 혹은 부모와 꼭 같이 살아야 할 필요를 느끼지 않는다. 그러나 남들의 인정, 애정, 관심에 목마른 사람들의 경우엔 혼자 사는 것이 공포이자 분노일 수 있다. 따라서 정신적이나 육체적으로 강한 쪽이 조금이라도 더 독립적인 삶을 살고 싶다는 희망을 더 많이 가지게 되고 독립해 나갈 때 훨씬 더 자유로움과 평화를 누릴 가능성이 높다. 반대로 약자라고 생각하는 쪽이 독립 이후 우울감이나 원망에 빠질 가능성이 높다.

따라서 만약 내가 독립 이후 여러 원망과 피해의식, 정신신체화 증상 등 여러 증상이 생긴다면 좀 더 독립적으로 살 수 있도록 자아 강도를 높일 것이며, 거꾸로 상대방이 여러 가지 불만을 호소해 온다면 강자 입장에서 조금 더 시간을 갖고 상대방이 더욱 강해질 수

5_ 이별에도 내공이 필요하다

있도록 일종의 이행 훈련을 조금씩 하도록 도와주는 것도 필요하다.

부모나 자식이 모두 어른일 경우, 꼭 부모 쪽이 항상 더 강하고 능력 있고 어른다울 수는 없는 것이 백세시대의 현실이다. 경우에 따라 직업도 변변찮고 늙어 병든 부모들에게 '부모가 되어서 왜 그렇게밖에 못하느냐?'고 따지는 청장년들도 있다. 과거에는 부모들이 예순이 되기 전에 죽어 버렸기 때문에 살아 있는 마지막 순간까지 어쩌면 부모로서의 기능과 위엄을 충분히 갖출 수가 있었다. 그러나 백세 시대에 들어선 지금, 은퇴한 후 기운 없고 병이 들어 철저히 소비만 하는 상황에 이른 노인들이 부모로서의 존엄을 지키기는 결코 쉽지 않다.

최근에는 부모가 남의 자식들과 비교하면서 스트레스를 주었던 것처럼 자식들이 다른 부모는 얼마를 남겼다더라, 한 달에 얼마씩 생활비를 보조해준다더라, 하는 식으로 원망을 하는 경우가 적지 않다. 이젠 늙은 부모의 무능함을 견디지 못하고, 자신들의 문제가 부모에게서 비롯된 것이라는 점을 강조하기도 한다. 잘되면 내 탓, 못되면 조상 탓이란 속담이 예전에도 있었지만 세습자본주의가 공고화되고 빈부 격차가 더욱 악화되는 데다가 젊은이들의 일자리가 사라지고 있기 때문에 부모를 원망하는 젊은이들이 늘어난 면도 없지 않다. 요행히 내가 자식들에게 어느 정도 물려줄 돈이 있다 해도 자녀들이 비뚤어졌을 경우엔 더 많이 물려주는 부모들과 비교하면서 더 달라고 억지를 부리는 경우도 임상에서 적지 않게 만난다.

헌츠먼 암연구소 설립자이며 전 재산의 80퍼센트인 20억 달러를 이미 자선사업 기관에 내놓은 존 헌츠먼은 자신이 죽기 전에 모든 돈을 다 썼으면 하고 바란다고 인터뷰한 바 있다. 인생의 목표는 자식에게 많은 유산을 물려주거나 죽는 날까지 잘 먹고 흥청망청 쓰는 데 있는 것이 아니라, 더 큰 가치를 위해 작은 자아를 깊고 크게 만드는 것이 아닐까.

새로운 시작을 앞두고

영안실

_ 서홍관

중학교 친구한테서
전화가 왔다.

아버님이 돌아가셨는데
영안실을 못 잡았다고,
너희 병원 영안실은 비어 있느냐고.

돌아가셔도
가실 곳이 마땅치 않으신 모양이구나.

시골집 팔고 올라와
시흥동 어디 딸네 집에
얹혀사시면서

낮에는 파고다공원으로
어린이대공원으로
피난다니신다더니.

재혼하는 아버지께

✉ ___아들이

아버지, 우선, 결혼 축하드려요. 속으로는 정말 많은 생각들이 왔다 갔다 하지만 요즘 젊은이들답게 아버지의 새 출발을 진심으로 축복합니다. 이제 저도 성인이니 아버지가 당신의 행복을 찾아 남은 인생을 즐기고 싶다는 것을 만약 반대하면 그저 속 좁은 사람에 불과한 것이겠죠.

제가 사춘기에 들어서기도 전에 아버지, 어머니가 정말 무섭게 싸우시는 것을 많이 보면서 속으로 이렇게 사느니 차라리 헤어지시는 게 낫겠다는 생각을 참 많이 했습니다. 껍데기만 유지하는 결혼가정보다는 평화롭고 조용한 이혼가정이 훨씬 자식들이 살기 좋을 수도 있거든요. 아버지, 어머니는 싸움이 끝나고 시간만 나면 저희들 때문에 헤어질 수 없다고 말씀하셨지만, 사실 저희들은 속으로 그런 부모님이 답답하기만 했습니다. 저희로서는 시끄러운 집안에서 불안하게 가족이라는 허울을 안고 사는 것보다는 우리가 우리 인생에 집중할 수 있게 제발 내버려 두셨으면 좋겠다는 말이 하고 싶기도 했거든요. 죄송합니다, 아버지. 좋은 날, 괜히 옛날 얘기를 해서 마음을 불편하게 해 드렸다면 말이죠. 그저 저는 아버지가 새로운 시작을 한다고 했을 때 제가 얼마나 홀가분하고 편안하게 느껴졌는지를 말씀드리고 싶었을 뿐입니다.

같은 남자로서 아버지가 젊고 친절한 여자를 만나서 새 생활을 하려고 한다는 것, 충분히 이해하기도 합니다. 사실 저 같아도 어머니처럼 잔소리만 하고 뻣뻣하기만 한 사람은 싫을 것도 같네요. 이렇게 말하면 어머님께 죄송하긴 하지만, 사실은 사실이니까요. 어머니가 조금만 더 여성적으로 부드러웠다면, 그리고 아버지가 조금만 더 남자답게 마음이 넓었다면 어쩌면 두 분이서 지금쯤 그냥저냥 살지 않으셨을까 하는 아쉬움이 조금 남긴 하네요. 하지만 어쨌거나 아버지의 선택이니 이번 결혼에서는 모쪼록 싸우지 마시고, 좋은 모습으로 행복하게 사셨으면 좋겠습니다.

혹시라도 동생이 생긴다면 마음은 좀 복잡해질 것 같긴 합니다. 새어머니께서 젊으시니까 어쩌면 아이를 하나쯤 가지실지도 모르겠네요. 아직 생기지도 않은 동생의 존재에 대해 이러쿵저러쿵 이야기하는 것은 우스운 일이긴 하지만, 그냥 좀 민망할 것도 같습니다. 또 혼자 남은 어머니가 조금은 마음이 쓰이기도 합니다. 아버지께서 충분히 위자료를 주신 것도 아니어서 앞으로 어떻게 사실지 장남인 제게 부담을 주시는 것도 같고 조금은 원망스럽기도 하네요. 솔직히.

하지만 어머님도 독립을 하셔서 좀 더 강해지셔야겠지요. 또 가능하면 한 해라도 더 젊었을 때 재혼을 하시면야 좋겠지만 그럴 가능성은 많지 않아 보이네요. 또 제가 여자 친구가 생기면 어떻게 어머니, 아버지를 소개해야 할지도 솔직히 걱정이 되지 않는 것은 아닙니다. 요즘에 워낙 이혼가정이 많다 보니 여자 친구는 이해를 한다 해도 만약 제가 결혼을 하고 싶어 할 경우, 그 처가에서 우리 집에 대해 이러쿵저러쿵 말이 나오면 굉장히 기분 나쁠 것도 같네요. 물론 제가 지금보다 더 열심히 노력하면 그런 제 결점 같은 것은 감춰질 수도 있겠지요. 아버지, 어머니 때문에 제가 더 잘 살아야 한다는 것을 머리로는 좋게 받아들일 수 있지만 가슴으로는 가끔 답답해질 때가 있긴 합니다. 왜 우리 집은 다른 집처럼 정상적이지 않을까, 혹시 나한테도 어머니, 아버지처럼 결국 이혼하게 되는 성격적인 결함은 정말 없는가, 하는 잡념들 말예요.

뭐, 이제 남자답게 잘해봐야겠지요. 아버지, 그러나 솔직히 이제는 아버지 집엘 자주 갈 수는 없을 것 같다는 생각이 듭니다. 아무래도 새어머니란 분이 불편하거든요. 그렇다고 아버지에게 나쁜 아들이 되겠다는 것은 아니니, 앞으로도 저를 따로 불러서 만나는 것은 언제든지 하셔도 환영입니다. 물론 바쁘셔서 그러기 힘들다 하셔도 불평할 제가 아니니 크게 신경 쓰지 마시고요. 행복하게 사시면 좋겠습니다. 아버지, 다시 한 번 재혼 축하드립니다.

재혼을 앞둔 아버지가

💬 ___ 아 들 에 게

아들아. 부끄럽고 미안하구나. 이 나이에 결혼이란 걸 다시 한다고 다 큰 너에게 이야기하는 것 자체가 아버지로서는 정말 민망하고 힘든 결정이었다는 사실, 네가 좀 알아주었으면 좋겠다. 나도 네 새 어머니와 사귀면서 과연 다시 시작하는 것이 옳은지 아닌지 많이 고민했었다. 결혼이라는 제도가 얼마나 사람을 힘들게 하는지……. 내가 아들 앞에서 할 얘기는 아니지만, 네 엄마와 결혼생활을 하면서 행복했던 순간보다는 정말 힘들고 어려웠던 순간이 훨씬 많았기에, 어쩔 수 없이 이혼이라는 결정을 했었다는 사실을 네가 좀 알아주었으면 좋겠다. 물론 지금까지 네가 나의 결정을 이해하고 충분히 존중해 주었다는 것에 감사하고 있지만 말이다.

변명 같지만 예전처럼 환갑 되기 전에 일찍 죽을 수 있는 시절이라면 나도 재혼을 결정하지 않았을 것 같다. 그러나 이제 내 나이 쉰에 만약 아흔 넘어까지 산다면 앞으로도 40년을 혼자 살아야 한다는 것이 사실 걱정이 되긴 했다.

그렇다고 네가 결혼하고 나서 아들, 며느리와 같이 산다는 것은 생각만 해도 끔찍하거든. 나는 끝까지 자식에게 기대고 같이 살고

5_ 이별에도 내공이 필요하다

싶어 했던 무능한 할아버지, 할머니와는 조금 다르게 노년을 살고 싶다. 능력이 되는 대로 그냥 독립적으로 살고 싶고, 너희들 인생에 가급적 끼어들고 싶지 않다. 내가 아프면 스스로 해결하지 너희들 불러서 병원에 데리고 가달라, 병원비를 내 놓아라, 이런 치사한 이야기도 하고 싶지 않다. 그런데 만약 혼자 산다면 아무리 돈이 많아도 아무래도 너희에게 손을 벌릴 것 같더구나. 변명 같지만, 이 나이에 내가 재혼을 결정하게 된 가장 큰 이유 중 하나다. 그리고 이건 너희 엄마와 이혼을 결정하게 됐던 이유이기도 하다.

나이가 들수록 부부간에 서로 아프면 돌봐주고 부족한 점을 감싸 주고 그래야 했는데 나와 너희 엄마는 그러지 못하고 서로에게 나쁜 영향만 주었던 것 같다. 돌이켜 보면 네 엄마가 아프다고 해도 남편인 나는 네 엄마를 돌보지 못했고, 내가 직장에서 떨려나가 힘들 때, 할아버지가 편찮으셔서 나 혼자 이리저리 동분서주할 때 역시 네 엄마는 나를 외면했다.

물론 그 시간에 네 엄마가 논 것만은 아니었지. 널 과외하는 데 데려다 주고, 살림을 하고, 주식 투자를 하고, 친구들을 만나고, 나름대로는 열심히 살았다는 것을 안다. 다만, 네 엄마가 열심히 산 방향과 내가 원하는 방향이 맞지 않았을 뿐이지.

미안하구나. 너는 아버지의 결혼을 축하해주는데 나는 또 옛날이야기만 으르렁 그르렁 하고 있으니. 어쨌거나 아들아. 내가 재혼을 한다 해도 나는 영원히 너의 아버지이니, 서로 멀리하지 말고, 앞으로도 더 친하게 지내자꾸나.

5_ 이별에도 내공이 필요하다

부부는 헤어지고 싶은데, 자녀 때문에 어쩔 수 없이 산다는 말은 하지 않는 게 옳다. 요즘 자녀들은 쿨해서 대부분, 진지하게 설명을 잘해 주면, 부모는 부모고 나는 나다, 라는 말을 한다.

다만, 이혼을 이해하는 것이 연령별로 조금씩 다르므로 그 나이에 맞게 설명해 주는 것이 좋다. 예컨대 유치원에 다니는 아이에게 엄마, 아빠가 속궁합이 맞지 않아 애인이 생겨 바람이 났기 때문에 이혼한다, 라고 설명해 주는 사람들은 제정신이 아니다. 또 대학교에 다니거나 결혼한 자녀에게 너희는 아직 잘 모른다, 라는 말을 하는 것도 어불성설이다. 제일 어려운 시기가 아이들이 사춘기일 때이다. 그러지 않아도 자신들도 힘들어 죽겠는데, 부모까지 아이 노릇을 하니, 자녀들은 그 에너지를 어쩔 줄 모르고 방황할 수도 있다. 문제는 요즘 사람들은 초등학교 2학년부터 30대까지 사춘기를 아주아주 오래 앓는다는 것이다.

그러나 꼭 이혼을 해야 될 부부가 한집에 같이 살면서 끊임없이 싸움질을 해 대면, 아이들의 정신건강에 더 나쁘다. 자녀들은 차라리 누구 하나가 죽었으면 좋겠다는 공상도 하고, 실제로 끊임없이 불화를 일으키는 부모를 해치기까지 하는 자녀들도 있다. 자녀들에게 당신들이 차라리 죽는 게 낫겠다는 이야기를 들을 바에야 깨끗하게 헤어지는 게 백번 낫다.

자녀들 역시 부모의 노후를 책임질 결심을 하지 않았다면 부모의 이혼, 재혼 등에 대해 가타부타 말할 자격이 없다. 부모가 성인 자녀에게 삶의 방식을 강요할 수 없듯이 부모의 인생에 자녀가 개입할 권리 또한 없다.

준비가 꼭 필요한 이별

본보기

_ 헨리 데이비스

거칠고 단단한 바위,
달콤한 꿀 찾을 길 없지만,
친구하나 없이 혼자서도
행복하게 앉아있는
나비 한 마리.
내 본보기.

이제 거친 내 잠자리 따위,
불평하지 않으리.

바위도 꽃처럼 사랑하는
행복한 작은 나비 한 마리처럼
인생의 기쁨을 노래하리.

집을 나간 어머니를 용서하기 힘든

✉ ___아들이

우선, 이런 편지를 쓴다는 것 자체가 너무 불쾌하고 힘들다는 것, 어머니에게 밝히고 싶습니다. 저는 아직도 어머니가 그렇게 저희를 어이없이 떠나갔다는 게 믿기지 않습니다. 다른 때도 아니고 제가 고등학교 졸업을 얼마 남겨두지 않은 때, 어머니에게 남자가 생겼다는 것, 그래서 결국 집을 나가시게 되었다는 것이 너무 당황스럽고 이해할 수가 없네요.

물론 아버지께서 자상하지 않으셨다는 것, 또 어머니께서 할아버지, 할머니 고모들 때문에 고생하셨다는 것, 저도 알 만큼 알아서 그동안 어머니를 항상 안타깝고 안쓰럽게만 생각하고 살았습니다. 그래서 학교를 졸업해 빨리 직장을 잡아 아들인 제가 아버지 대신 어머니께 뭐라도 더 해드리고 싶었고, 그래서 어머니 고생을 덜어드리고 싶은 게 제 어릴 때 인생목표이기도 했습니다.

어머니도 제가 힘든 상황에서도 어머니 보면서 나름대로 열심히 살려고 했던 것 아실 거예요. 제가 뛰어나게 공부를 잘하지는 못했지만, 용돈을 아껴서라도 무슨 때가 되면 어머니께 작은 선물이라도 했던 것 혹시 기억이 나시는지요. 저는 그렇게 할 때마다 어머니

5_ 이별에도 내공이 필요하다

께서 환하게 웃으시는 모습이 너무 좋았어요. 그러면 아버지가 무서워도 다시 집에서 견딜 만한 힘을 얻기도 했구요. 저는 아들인 제가 그렇게 해 드리면 어머니께서 아버지로부터 사랑을 받지 못하더라도 잘 견뎌주실 줄 알았어요. 그럼 나중에 제가 최선을 다해서 많이 보상해 드리고 싶었는데, 제게 그런 기회도 주지 않으시고 집을 나가셨다는 사실이 정말 속상합니다.

어머니, 정말 왜 그러셨어요? 그렇게 다른 남자가 만나고 싶으셨어요? 솔직히 저는 어머니가 다른 남자를 만나고 있다는 사실을 생각하는 것만으로도 거북해서 못 견디겠어요. 어머니 나이에 그렇게까지 자기 충동을 조절하지 못했다는 것도 이해가 가지 않구요. 어쩜 이 편지가 어머니께 보내는 마지막 편지가 될지도 모른다는 생각도 듭니다. 어머니께 이런 말을 함부로 하는 것, 죄송하다고 말하고 싶지만, 솔직히 진정한 마음이 들어 있다고 말할 수가 없네요. 여하튼 어머니, 죄송합니다. 그러나 여전히 화가 납니다.

그럴 수밖에 없었음을 이해받고 싶은

💬 ___ 어머니가

미안하다. 그리고 부끄럽구나. 이렇게 자식 앞에 면목이 없는 신세
가 되리라고는 한 번도 생각한 적이 없는데……. 나는 네가 이제
내일모레면 스무 살이 되어 같은 어른의 입장으로 이제는 나의 마
음을 조금은 이해해 줄 줄 알았는데, 내가 생각이 짧았다. 그리고
네가 나름대로 자기 앞길을 가려서 생활을 할 때까지 정말 오랫동
안 참고 참은 끝에 집을 나갔던 것인데, 네가 앞으로의 인생을 준비
하는 데 방해가 될 수 있다는 것을 미처 생각 못했구나. 그래, 엄마
는 정말로 참 많이 모자란 여자 같다.

　하지만 네가 이 못난 어미가 그럴 수밖에 없었다는 것, 다는 아니
어도 아주 조금은 이해해 주었으면 좋겠다. 사실 나는 그동안 너희
아버지에게 맞추어 살면서 정말 많이 불행했다. 아버지가 워낙 강하
면서도 꼼꼼한 성격이라 엄마가 꼼짝 못할 수밖에 없었지. 그리고
너도 알다시피 나는 성격이 아버지처럼 그렇게 완벽한 사람이 아니
잖니. 능력 있는 아버지는 어쩌면 내가 없어도 곧 다른 여자를 만날
수 있을 거야. 그리고 실은 그동안 아버지가 그랬을지도 모른다는
짐작도 나름대로 했었다. 한데 돈 잘 벌고 외모도 멋진 아버지와 달

리 나는 날이 갈수록 늙어가고, 변변하게 돈 벌 수 있는 능력도 없고, 그렇다고 너희들이 공부를 너무 잘해서 아버지한테 큰소리치면서 대우를 받을 수 있는 것도 아니고. 나는 그동안 살면서 너무너무 나 자신이 싫고, 못났다는 생각만 하고 살았다.

그러면서 원래 내가 이런 사람이 아니었는데, 별다르게 자랑할 집안도 학벌도 없었지만, 한 인간으로서 자부심도 있고 자신만만하던 사람이었는데 왜 이렇게 변했을까, 참 속상하고 답답했었다. 너는 나를 너의 엄마로만 보지만, 나도 나름대로 꿈도 있고 감정도 있는 한 평범한 여자란다. 더 이상은 희망도 꿈도 없이 남은 삶을 살기 싫어.

지금은 날 온전히 이해할 수 없겠지만, 시간이 지나서라도 조금은, 아주 조금은 이해해 줬으면 좋겠구나. 너는 그래도 나를 가장 사랑했던 아들이니까. 너 또한 내가 가장 사랑하는 아들이니까.

완벽하지 못한 부모의 실수를 보며 성장해야 하는 자녀들은 여러 가지 방식으로 상처를 받는다. 그 상처를 씻어내는 일은 물론 쉽지 않다. 때론 죽을 때까지 부모를 용서하지 못하는 경우도 있다. 어린 시절의 상처는 마치 어린 나무에 난 상처처럼 죽을 때까지 갈 수도 있다. 어른들의 싸움 앞에 무력했다면 그 무력감은 성장한 후에도 무의식 속에 숨어 있다가 때로는 의식 전체를 마비시킬 수도 있다. 그럼에도 불구하고 어린 시절 받은 상처, 부모의 결정 때문에 꼬인 과정들을 끝까지 안고 가는 것은 자신에게 큰 손해다. 특히 부모들이 무심결에 뱉은 모든 부정적인 말들은 마치 저주처럼 오랫동안 부정적인 자기 암시를 걸게 만들 수 있다. 부모가 내게 증오와 분노의 말을 퍼부은 것을 그대로 내가 복사해서 스스로에게 퍼부을 수도 있다는 뜻이다.

부모가 나를 적절한 방식으로 충분히 사랑해 주지 않았다 해서, 나까지 나를 사랑하지 않는다면 실은 나만 손해다. 흠집 많은 부모의 잘못을 잊어버리고, 그들을 용서해서 과거의 한 자락으로 보내는 것은 꼭 그들이 사랑스럽고 존경스럽거나 윤리적으로 옳기 때문만은 아니다. 아주 냉정하게 말하자면, 부모를 과거로 보내는 이유는 내가

5_ 이별에도 내공이 필요하다

앞으로 살아갈 길이 훨씬 더 많이 남아 있기 때문이다.

부모님의 실수나 어두운 그림자만 붙들고 내 인생을 낭비하기엔, 자신이 너무 아깝고 존귀한 사람이다. 특히 부모로부터 받은 상처 때문에, 일부러 어떤 대상도 사랑하지 않는다면, 그는 다시 부모님의 전철을 밟게 되는 것뿐이다. 의식적으로라도 새로운 대상을 만들어 어떤 종류의 사랑이건 내가 만들어 경험해 보는 것이 '부모의 자식 누구'가 아닌 진짜 나를 찾아가는 소중한 과정이다. 부모의 실패를 반면교사로 잘 삼으면 누구보다 훨씬 더 나은 사랑을 앞으로 계속할 수도 있다. 나쁜 기운만 끌어안고 어떡하든 그것을 없애려고 온 힘을 다 쏟는 것보다는 오히려 전혀 다른 좋은 기운을 받아들여 나쁜 기운을 자연스럽게 정화시키는 것이 때론 더 유용한 태도다.

두 번째로 말하고 싶은 것은 사랑이나 결혼생활을 시작할 때 부모와 상대를 혼동하지 말아야 한다는 점이다. 많은 사람이 사랑에 빠지면 상대방에게서 부모와 비슷한 점을 찾아내게 된다. 자라면서 처음 만나는 사랑의 대상이 아버지와 어머니이고, 사랑이라는 근원적인 감정 자체가 부모와의 관계에서 기원하기 때문이다. 부모에게 긍정적이고 편안한 사랑을 받은 사람이 연애나 결혼생활에서도 무탈하게 지낼 가능성이 높은 이유다. 누구나 사랑에 빠질 때는 많은 이미지들을 상대방에게 투사한다. 그러나 이런 정신역동을 일종의 결정론처럼 믿을 필요는 없다. 인간에게는 무의식도 있지만, 이를 제대로 들여다보고 조절하고 치유할 의식도 있기 때문이다.

특히 상대가 저지르지도 않은 일, 혹은 별로 큰 잘못도 아닌 것에 지나치게 반응하면서 감정반응에 휩싸이게 된다면, 혹시 부모 콤플렉스에서 벗어나지 못하고 있지는 않는지 꼭 점검해 보아야 한다. 부모를 미워하는 것이 연장되어 주변에 있는 모든 이성을 모두 미워하거나 의심하는 것은 아닌지, 부모를 대신할 수 있는 이들에 대한 기대가 너무 커서 현실의 사람들과 관계를 맺는 데 방해가 되는 것은 아닌지 짚어 보자.

젊은이들은 사랑하지 않으면 계속 함께 살 필요가 없다고 생각하지만, 나이가 들면 헤어지고 싶어도 자식 때문에 그러지 못하고 참으며 산다고 말하는 이들이 많다. 실제로 자식에 대한 책임감과 사랑이 스스로가 원하는 삶의 모습과 얼마든지 충돌한다. 그럼에도 불구하고 가정을 깨는 경우는 나름대로 피치 못할 사정이 있을 것이다. 예컨대 배우자에 대한 애정이 완전히 식은 후, 정말 내 영혼의 짝이라고 생각이 되는 다른 이성이 생겼을 때, 주변 사람들은 비난할지 모르지만 본인들에게는 매우 힘든 결정이 될 수 있다. 또 인생 전부가 괴롭고 힘들어서 도저히 견딜 수 없는 상황에서 배우자까지 아주 깊은 문제를 고치려는 생각을 전혀 하지 않을 때, 역시 새로운 인생을 시작해야겠다는 절박한 마음으로 이혼을 결정하게 된다. 우리 주변엔 당사자가 되지 않고서는 알 수 없는 힘든 조건에 처한 이들이

　　　　　　　　　5_ 이별에도 내공이 필요하다

의외로 많다.

자기 자신도 항상 사랑스럽기만 한 게 아닌데, 어떻게 상대방이 항상 사랑스럽겠는가. 그러나 권태를 느끼거나 사랑이 식었다고 해서 쉽게 헤어진다면 그 어떤 부부도 오랜 시간 함께 할 수는 없을 것이다. 다만, 아주 오랫동안 지속적으로 상대방에게 학대를 받았거나, 너무나 오랜 세월 동안 무관심한 채 아예 없는 사람 취급을 당했거나, 일방적으로 나 자신만 상대방을 사랑하고 존경했던 것이라는 확신이 생긴다면 그 관계를 그만둘 수밖에 없다. 이런 어쩔 수 없는 결정을 단순히 아이가 있다는 이유로 나쁘다고 비난할 수만은 없는 노릇이다.

또 부부간에 사랑이 없어도 자녀나 주변 시선 때문에 그냥 견디며 살 때, 자녀들이 꼭 행복한 것만은 아니다. 자기 자신이나 주변 사람에게 정직하지 않기 때문에, 자녀들 역시 그런 부모의 마음을 알아차리게 된다. 때로는 스스로의 뜻을 거슬러 사는 자신에게 매우 잔인해질 수도 있다. 우울증에 걸리는 기전이다. 그뿐 아니라 사랑하지 않는 상대방과 아이들에게도 모두 냉혹해질 수도 있다. 부부간의 사랑이 없을 때 자녀들에게 여러 가지 정신과 행동 문제들이 관찰되는 이유다.

오랫동안 남편에게 학대받던 아내가 남편을 충동적으로 살해하는 사건들을 보면서 의아하게 생각하는 사람들도 있을 것이다. 왜 헤어지지 않는지 모르겠다고. 헤어지면 그만이지 그럴 필요가 있느냐며. 그러나 오랫동안 켜켜이 쌓인 서로에 대한 미움과 자신에 대한 분노의 크기가 너무 커서 본인의 마음을 사로잡게 되면 합리적인 선택을 못하게 될 수도 있는 것이다.

자식 때문에 현재 견디기 힘든 시간을 보내는 이들은, 나중에 자신의 인내심을 가족 모두 인정해 주지도 칭찬해 주지도 않고 대신 어떤 보상을 해 주지도 않는다는 것을 알고, 극단적인 선택까지는 아니더라도 헤어나기 힘든 우울감에 빠지기도 한다. 결국 자신의 선택은 부모나 자식과 배우자를 포함해 그 어떤 타인도 책임져 주지는 않는 것이다.

다만, 아이들이 한참 예민할 때 충분한 설명과 준비과정 없이 갑자기 가출의 형식 등으로 부부가 갈라서는 것은 좋지 않다. 결혼에도 준비와 절차가 있는 것처럼 이혼에도 격식과 상대방에 대한 배려와 예의가 필요하다. 특히 아이들이 아직 완전히 성인이 되지 않은 경우엔 아이들의 성장과정에 맞추어 세심한 설명과 교육이 선행되어야 한다.

우선, 아이들이 아직 이혼이라는 추상적인 개념을 이해하지 못하는 초등학교 저학년까지는 부모가 서로 미워하거나 자녀들을 사랑하지 않아서가 아니라, 부모로서는 피치 못하는 사정으로 따로 살아야 한다는 사실을 이해시켜 줘야 한다. 또 가능한 한 부모가 함께 있는 시간엔 서로의 감정을 절제하고 자녀에게 집중하는 태도가 필요하다. 혹시라도 각자 배우자가 따로 생기더라도 곧장 아이들과 함께해 혼란에 빠지게 하지 말고 매우 느린 방식으로 아이들과 새로운 배우자가 친해지도록 배려해 주면서, 준비가 되어 있지 않고 이해할 수도 없는 아이에게 섣부르게 새엄마나 새아빠를 꼭 엄마나 아빠라고 부르도록 강요하지 않는 것도 필요하다.

아이들이 이혼이란 상황을 어느 정도 이해할 수 있는 초등학교 고학년에서 성년이 되기 이전까지는 아이들의 혼란스런 감정, 예측할 수 없는 충동과 분노 등을 먼저 고려해 주어야 할 것이다. 특히 이 시기엔 아이들이 부모와 동일시, 혹은 역동일시 하면서 성인이 되는 것이기 때문에, 아이들의 교육이 부모의 이혼으로써 완전히 엉켜 버려 엉망이 되는 경우가 적지 않다.

그럼에도 불구하고 이런 어려운 이혼의 과정을 넘기는 이혼부부들에게는 몇 가지 특징이 있다.

첫째, 아이들에게 일관된 방식으로 부모가 어떤 상황에서도 자녀들을 사랑한다는 메시지를 보내면서 이를 실천한다는 점이다. 즉 특정 시간에 누가 아이를 볼 것인지 서로 약속을 했으면 꼭 그 약속을 지켜서 아이로 하여금 자신의 삶을 예측하게 해 준다. 둘째, 아이 앞에서 과잉된 감정반응을 보이지 않고 서로에게 성숙한 모습으로 각자의 길을 갈 수 있도록 축복해 준다. 셋째, 자녀교육에서 부부가 맞지 않는 부분이 있어도 즉각 논쟁이나 비난으로 가지 않고 충분히 시간을 갖고 해결하려고 노력한다. 부부가 같이 살면 갈등이 생겨도 그때그때 해결할 가능성이 서로 별거하거나 이혼한 상태에 있을 때에 비하면 훨씬 높다. 이혼하는 와중엔 서로에 대한 증오와 분노가 쌓여 있기 때문에 더욱 아이들 앞에서 이성적으로 행동하기가 어려운 것도 사실이다.

그러나 내 이혼과 별거에 아이들은 절대 책임이 없다는 것을 잊지 말아야 한다. "너 때문에 속상해서 아빠와(또는 엄마와) 헤어지게 되었다"고 말하는 부모는 그야말로 치사하고 무책임한 성격장애자다. 아이들의 탄생에 아이들이 아무 책임이 없듯이, 부모의 이별에 아이들은 책임이 없다. 자신들 사랑의 결과물인 아이들에게 혹 헤어지더라도 아무런 해로운 영향이 없도록 준비해 주는 것은 어른이라면 꼭 담당해야 할 의무일 뿐이다.

사라짐을 견뎌낸다는 것

시작

_ 최승자

한 아이의 미소가 잠시
불꽃처럼 흔들리다 머무는 곳.
꿈으로 그늘진 그러나 환한 두 뺨.

사랑해 사랑해 나는 네 입술을 빨고
내 등 뒤로, 일시에, 휘황하게
칸나들이 피어나는 소리.
멀리서 파도치는 또 한 대양과
또 한 대륙이 태어나는 소리.

오늘밤 깊고 그윽한 한밤중에
꽃씨들이 너울너울 허공을 타고 내려와
온 땅에 가득 뿌려지리라.
......

그리하여 이제 소리의 가장 먼 끝에서
강물은 시작되고
지금 흔들리는 이파리는 영원히 흔들린다.

먼저 간 딸에게

✉ ___아버지가

딸아. 보고 싶은 내 딸아. 네가 세상을 떠난 지 벌써 6개월이 다 되고 있구나. 널 차디찬 땅에 묻고 나서 한동안은 살겠다고 입속에 밥을 밀어 넣는 내 자신이 너무 밉더구나. 날 데려가지 않고 너부터 데려간 운명의 신이 있다면 가서 정말 부여잡고 날 대신 데려가 주면 안 되냐고 천 번이고 만 번이고 사정하고도 싶다. 아빠는 네가 떠나고 난 이 세상에 대한 미련이 하나 없는데, 도대체 왜 운명은 이 세상에 나를 남겨 놓은 것인지도 모르겠다.

아, 네 엄마가 있다고? 그래, 너희 엄마도 불쌍하지. 엄마가 아직 살아 있으니 내가 너를 따라가지 않고 있는 걸까. 아빠는 아직 잘 모르겠다. 네가 살아 있을 때, 사실 우리 부부가 별로 사이가 좋지 않았잖니. 아빠는 아빠대로 바쁘고 엄마는 엄마대로 바쁘고. 또 양쪽 할머니들 건강이 한꺼번에 나빠져서 우리가 참 바빴지. 그러느라고 너를 돌보지 못했던 게 어쩌면 네가 그렇게 갑자기 가게 된 이유가 되지 않았을까, 하고 어떤 때는 의심이 나기도 한다. 만약 아빠가 네가 학교에서 돌아올 때 할머니한테 가 있지 않고 너를 마중하러 갔었더라면, 그 사고가 나지 않았을 텐데, 하는 생각이 들면 정

말 내 가슴을 짓찢고 싶어 버릴 때도 있었다. 또 만약 엄마가 피곤하다고 자지 말고 널 데리러 학교에 갔었더라면 지금쯤 네가 살아 있을지 모르는데, 까지 생각이 미치면 네 엄마가 참 미웠다. 왜 그렇게 매사가 불만이 많아서 항상 피곤하다는 말을 달고 다녔는지, 자식이라고 너 하나만 있었는데 그것조차 힘들다고 쩔쩔 매면서 살았는지 표현은 하지 않지만 화도 나고 원망하는 말을 하고 싶을 때도 적지 않았다.

　그런데 시간이 지나고 나자 그렇게 자꾸 엄마 탓을 하는 내 자신이 참 옹졸하게 느껴지고 싫더구나. 그렇다고 나 자신을 자꾸 죄인으로 몰고 간들 주변 아무에게도 도움이 되는 것 같지 않고. 물론 네 엄마를 지금도 깊이 사랑하는지는 잘 모르겠다. 네가 저세상에 있으니 이제 아빠가 좀 솔직하게 이야기하고 싶어서 속내를 털어 놓는 것이니 용서해 주면 좋겠다. 네가 살아 있을 때도 너희 엄마와 살갑게 지내지 못했는데 엄마와 나를 이어주는 유일한 끈이었던 네가 이 세상에 없으니 정직하게 말하자면 꼭 네 엄마랑 살아야 하는가 하는 회의도 든다. 하지만 네 엄마가 나까지 떠나고 나면 과연 독립할 수 있을지, 그래서 너를 잃은 슬픔을 혼자 잘 견딜 수 있을지, 그건 또 잘 모르겠다. 아마 그래서 아직 네 엄마를 떠나지 않고 내가 그냥 일상생활을 계속하고 있는 걸까.

　아, 미안하구나. 널 잃고 난 지금까지도 무기력하고 결단력 없이 이랬다저랬다 하는 못난 모습만 보이는구나.

　사랑하는 내 딸아. 천금보다 더 귀한 내 딸아. 아빠가 이리 못나서 혹시 그렇게 빨리 간 거니. 혹시 거기서도 내가 너를 지켜 주지 못한 것 원망하고 있는 건 아니냐. 만약 그렇다면 아빠가 어떻게 하면 용서해 주겠니. 이젠 자는 동안에도 네 목소리가 들리지 않고, 네가 나타나지 않는구나. 꿈에라도 나타나서 아빠에게 네가 잘 있다고 한마디만 해 주었으면 좋겠다. 그리고 아빠보고 앞으로 너 없이 어떻게 살라고 이야기해 주면 좋겠다. 나는 정말로 앞으로 너 없이 뭘 보고 어딜 향해서 살아야 할지 모르겠구나.

먼저 간 남편에게
✉ ＿＿＿아내가

여보. 오랜만에 당신 이름 불러보네. 당신 가고 나서 한동안 사진조차 볼 수가 없어 당신 영정사진까지 치워 놓았던 적이 있었는데. 시간이 가고 나니 당신 사진을 다시 마루에 갖다 놓게 되더라고. 아픔도 시간이 지나면 사라질 수 있나 봐. 시간에는 장사 없다더니.

실은 당신 가고 한참 동안 당신 원망을 참 많이 했어. 어쩜 그렇게 아무런 준비도 해두지 않은 상태에서 훌쩍 가 버리다니. 자식들 교육이랑 혼사랑 다 나한테 싹 맡겨 놓고 자기 편하자고 제대로 된 유언 한 줄 남기지 않고 뭐가 그렇게 급했냐고 묻고도 싶었어. 간 사람은 이 꼴 저 꼴 보지 않아 편하지만 남은 사람은 그 뒤치다꺼리 다 하고, 또 먼저 간 사람 몫까지 다 해야 되는데 얼마나 나 혼자 힘든지 아느냐고, 정말 화도 많이 났어.

그런데 여보. 그런 원망의 마음도 시간이 지나니까 조금씩 사라지더라. 그리고 아이들이 각자 자기 몫을 나름대로 찾아 나가는 모습 보면서 어쩌면 당신이 우리 아이들 철들게 하려고 그리 빨리 세상을 떠난 건 아닐까 하는 생각도 들었어. 하지만 지금도 가끔 당신이 좋아하는 음식, 당신이 좋아하던 프로그램 같은 것을 보면 문득 문득 당신 생각이 나. 있을 때는 때론 얄미울 때도 있고, 성가시고 귀찮을 때도 많아서 별로 챙겨주지 않았잖아. 또 당신이 좋아하는 스포츠 프로그램 시끄럽다고 내가 얼마나 당신 구박 많이 했어. 하루 종일 집안일은 하나도 도와주지 않고 이기적으로 자기 좋은 프로그램만 보고 있다고 눈 흘기고 화도 내고 그랬지. 만약 그때 당신하고 보낼 시간이 이렇게 짧을 줄 알았으면 그냥 하고 싶은 것 다 하도록 내버려 두었을 텐데 후회가 되네.

여보. 저세상은 어때? 여기보다 좀 낫나? 당신 살아있을 때는 누가 먼저 세상 떠날까 같은 것은 아예 생각조차 안 했는데. 우리가 죽음을 생각하기엔 너무 젊었으니까. 당신이 마흔도 되기 전에 갈 줄 어떻게 꿈에라도 상상이나 했겠어. 근데 돌이켜 보니, 참 어리석었지. 어떤 사람도 죽음을 피할 수는 없는 노릇인데. 마치 우리한테는 그런 날이 절대로 오지 않을 것처럼 살았다는 게 우스워.

그래서 그런지 당신 가고 몇 년이 지나면서 요즘엔 점점 더 무서운 것도 없고, 또 그것 없으면 절대로 안 된다고 고집하는 것도 없어지는 것 같네. 물론 작은 일에도 화내고 속상해하고 그런 건 있지만, 크게 봐서는 당신 가기 전만큼 아이들한테도 그리 심하게 집착하지 않고, 친구들이나 부모, 형제한테도 그렇게 큰 기대를 하지 않는 것 같아.

어쩌면 처음에 친구나 친지들한테 많이 서운했던 감정 때문인지도 모르겠네. 당신 가고 나니까 날 무시하는 것도 같고, 날 부담스러워 하는 것도 같고, 또 내가 도움을 달라고 하면 거절하거나 성가셔 하는 것도 보이고 해서 점점 더 사람들을 멀리하게 되더라구. 그런데 그것도 시간이 지나고 나니까, 그 사람들이 어떻게 내 아픈 마음을 다 알겠나, 하는 생각도 들고, 어차피 다 각자가 자기 몫의 고통이 제일 크게 느껴지는 법이니까. 그 사람들은 또 그 사람들 나름대로 어려운 것이 있어서 그렇겠지, 하는 마음도 들더. 당신 잃은 내 마음만큼 고통스러운 게 이 세상에 있겠나 싶었는데, 한참

5_ 이별에도 내공이 필요하다

시간이 지나 주변을 돌아보니, 자식이 식물인간이 된 사람, 남편이 정말로 흉악한 죄를 져서 감옥에 있는 사람, 본인이 몹쓸 병에 걸려서 오늘내일하는 사람 등등 종류는 다르지만 큰 고통을 겪어야 한다는 점에서 똑같은 게 아닌가 싶기도 하고······.

모처럼 편지를 쓰지만, 오늘은 이만 쓸래. 어쩌면 당신 생각 너무 많이 하는 걸 당신이 꼭 원하지 않는다는 생각도 드네. 이미 아주 좋은 데 가서 편히 쉬고 있다면 내가 여기서 징징거리는 게 나한테나 당신에게나 별로 좋은 것이 아닐 수도 있고. 여보. 조금만 기다려. 나도 여기서 내 할 일 최선을 다 하고, 때가 되면 당신 곁에 갈 테니까.

앗, 혹시 내가 당신 곁에 가는 걸 싫어할까. 당신 살아 있을 땐 거의 내 맘대로 다 했었으니까, 내가 나타나면 당신이 찡그릴까, 그런 상상도 드네. 걱정하지 말아요. 이젠 그 때처럼 어리고 이기적인 내가 아니니까. 당신 가고 나서 당신이 얼마나 내게 잘해 주었는지, 또 얼마나 소중한 사람이었는지도 알고, 세상일이 내 마음대로 되는 게 아닌 것도 알고. 나 철 많이 들었으니까, 내치지 말고 나 반겨줘요. 알았죠, 여보?

가족과 겪는 이런저런 갈등이 많지만, 가족 구성원이 사라지는 상실의 아픔만큼 다루기 힘들고 어려운 것은 없다. 만약 구성원 중 하나라도 갑자기 없어지는 상황을 겪은 사람이라면 사람이 죽고 사는 것에 비하면 어떤 어려움도 별게 아니라는 사실을 절감하게 되는 순간들이 온다. 가족들 중 누구 하나가 죽고 나면 그래서 더욱 단결이 되는 경우가 있기도 하지만 오히려 대부분은 각자가 힘들기 때문에 먼저 간 사람을 원망하거나 남은 사람들끼리 원망하느라 앞으로 나아가지 못하는 이들도 적지 않다. 또 유한한 삶에 대한 허무감, 세속적인 여러 가치에 대한 회의로 열심히 살아갈 동력을 잃어버리는 경우도 많다.

이런 상황에 있는 가족들에게 모두 통하는 일반적인 처방은 많지 않다. 각 가족의 상황에 따라 처방도 달라야 한다. 예컨대 기왕에 서로를 원망하고 미워하면서 사느라 구성원끼리의 유대감이 부족한 가족에게 모두 단결해서 어려움을 나눠야 되지 않겠느냐고 조언한다면 매우 공허한 주문이 될 것이다. 세상을 먼저 떠난 구성원이 가족의 중심으로 기능하면서 가족의 유대감이 형성되어 있다면, 가족 전체가 한꺼번에 와해될 가능성도 많다. 매우 희생적이고 헌신적

5_ 이별에도 내공이 필요하다

인 어머니, 혹은 아예 반대로 이것저것 많은 것을 요구하는 어머니가 살아 있을 적에는 형제들끼리 서로 왔다 갔다 교류하다가 어머니가 돌아가시고 나면 구심점이 없어지면서 서로에게 더 이상 가족으로서의 기능을 하지 않는 경우도 적지 않다. 또 특히 문제가 되는 폭력적인 가족 구성원, 예를 들면 자녀나 아내를 학대하는 가장이 사망한 후 생각보다 평안하게 그 죽음을 받아들이고 사망 이전보다 훨씬 더 유대관계가 돈독해지기도 한다. 일종의 생존자 심리다. 그러나 같은 문제를 일으킨 사람이라도 말썽만 피던 젊은 자식이 자살이나 사고로 갑자기 세상을 떠난 경우 남은 가족들은 죄책감과 안도감이 뒤섞인 묘한 감정반응을 겪으면서 뜻밖에 깊은 우울증이나 부부 갈등 같은 후폭풍으로 고생하기도 한다.

어떤 경우이건, 일단은 애도반응을 충분히 거쳐야 하며, 그런 애도 반응은 비정상적인 것이 아니라는 사실을 인정해야 한다. 또 운명을 거슬러서 사고나 질병을 예방할 수 있는 것은 오로지 신의 영역이라는 사실도 어쩔 수 없이 받아들여야 할지 모른다.

부모의 그림자

빈집

_ 김광규

아버지는 이미 30년 전에 작고하셨고
어머니 혼자 여생을 살다가 돌아가신 집
허물어져가는 시골집
추녀 아래 깨진 물독 하나
모두들 도시로 떠나버려 이제는
팔아버릴 수도 없는 집
아무도 살지 않지만
흉가처럼 그대로 내버려둘 수 없어
양철 지붕을 얹었다
거주하는 사람 없어도
재산세는 해마다 꼬박꼬박 나온다
본의 아니게 집 두 채 가진 죄인으로
늙어가는 고아의 가슴 한구석에서
짚불처럼 사그러지는 집

돌아가신 부모를 아직도 잊지 못하는 남편에게

✉ _ _ _ 아 내 가

여보, 당신이 우리 부모님에게 정말 냉정하게 대할 때, 그리고 이유 없이 특히 우리 엄마 아버지가 있을 때 내게 더 짜증을 많이 낼 때, 처음엔 정말 속상하고 힘들었어. 우리끼리 화가 나는 일 있어도, 우리 부모님이 딸 때문에 걱정하지 않도록 부모님 계실 때는 좀 자제해 주고 그러는 게 당연하다 생각했었거든. 근데, 이상하게 당신이 우리 집 식구들만 오면 신경이 날카로워지는 걸 결혼생활 한참 후에야 깨닫게 되었네.

처음엔 당신이 날 질투한다 생각했었어. 당신이 일찍 부모님을 사고로 잃게 되었다는 것을 오래전에 듣고 기일이면 제사도 지내지만, 그 아픔이 어떤 건지 사실 마음에 확 와 닿지는 않았거든. 사실 난 어려서부터 잔소리에 간섭 많은 우리 친정 부모님이 조금 걸리적거리고, 때론 정말 미울 때도 많았기 때문에, 부모님에 대해 한 번도 애틋한 마음을 가져 본 적이 없거든. 그냥, 부모님은 항상 거기 계시는데, 날 귀찮고 무겁게 하는 존재, 그 정도인 거지.

근데 당신은 나랑 달리 부모님이 살아 계셨을 때의 추억이 좋은 것 같아. 당신을 한없이 믿어 주셨던 분들인 것도 같고. 아마 그분들이 빨리 세상을 떠나실 줄 알아서 그렇게 완벽한 부모님으로 사셨던 걸까.

그래도 난, 당신이 나한테도 부모님을 그리워하고 존경하는 마음을 좀 나누어 주면 좋겠어. 어떤 때는 날 보는 눈이 참 냉랭한 것 같이 느껴지는 것도 같아. 어쩌면 나랑 행복할 때마다 부모님 생각이 나서, 부모님에 대한 미안함 같은 게 숨어 있어서 그런가, 그런 생각도 들더라. 아이들에게도 별로 관심이 없는 것 같고. 부모님 제사가 다가오면 더 우울해 하고…….

이제 우리 아이들도 학교에 다니고 있고, 이제 당신이 돌아가신 부모님의 자식이 아니라, 우리 아이들의 아버지로 살아 주었으면 좋겠어. 너무 과한 주문인가?

자신의 아픔을 잘 이해 못하는 아내에게
◯ ___남편이

당신이 그렇게 예민하게 내 마음을 읽었었는지 몰랐네. 난, 그냥, 나 혼자 우울한 마음 삭히고 혼자 극복해 나간다고 생각했었는데. 당

신이랑 애들한테까지 들켰다는 게 많이 머쓱하고 부끄럽네. 남자가
되어 가지고······.

그래. 당신 말대로 내가 아직 부모님을 못 잊는 것도 사실이야.
두 분이서 좀 아프다 돌아가셨다면 내가 조금이라도 준비를 했을
텐데, 그렇지도 못했고.

두 분이 살아 계실 때, 난 속을 많이 썩이는 아들이었거든. 정말
이기적이었고, 친구들만 좋아했고, 부모님에게는 거의 관심도 없었
어. 그분들은 그냥 항상 거기에 계실 줄만 알았거든.

그러다가 갑자기 내 곁을 떠나시고 나니, 정말 황당하고, 그 기분
은 지금도 어떻게 말로 표현할 수가 없어. 당신을 만나고 나서 빨리
결혼한 것도 그런 기분을 견디지 못해서였을 거야. 외롭다고 말하기
엔 정말 황량한 사막에 혼자 있는 것 같은, 그래서 도저히 실감이
나지 않는······.

그런데 당신은 나랑은 참 다른 인생을 살아 왔잖아. 부모님이 아
직도 당신을 많이 챙겨 주시고, 보살펴 주시고. 그런 것 때문에 당
신은 짜증도 많이 내지만, 나는 솔직히 그런 당신이 정말 많이 부러
워. 그리고 당신 부모님도 부러워. 어버이날이면 사위와 딸이 챙겨
주는 선물도 받으시고, 우리가 보내드리는 여행도 다녀오시고. 우리
부모님은 그런 거 하나도 못 받고 돌아가셨잖아. 정말 내게 베풀어
주기만 하셨지.

물론 하늘나라가 있어서, 그런 한을 다 풀어 줄 수만 있다면 얼마나 좋겠어. 그런데 아무리 교회를 다녀 봐도, 불교 책을 들여다봐도, 돌아가신 분들에게 지나간 세월을 보상해 줄 방법이 없는 거야. 나는 뭔가를 해서 내 마음속을 바꾸고 싶은데, 도대체 방법이 없어서 출구가 없는 방에 갇힌 기분, 그런 마음을 당신이 알까.

물론 나도 당신이 말한 대로 과거는 다 잊고 앞날만 바라보고 싶어. 하지만 아직도 내 마음속에 불쑥불쑥 부모님 생각이 그냥 나는 걸 어떻게 해. 그럴 때면 당신에게라도 말을 하고 싶은데, 당신은 우리 부모님 말만 나오면 딴 이야기로 돌리고, 모르는 척하고. 그럴 때는 정말 더 외로워지는 그런 기분, 말 주변 없는 내가 어떻게 표현할까.

시부모가 없거나, 아주 멀리 살아서 남편만 소유할 수 있는 남자가 이상적이라고 생각하는 여성들이 있다. 이른바 시댁 스트레스가 없다고 생각하기 때문이다. 그러나 너무 일찍 부모를 여읜 사람들, 혹은 이런저런 사정으로 떨어져 살아야 했던 이들에게는 가슴속에 부모에 대한 한恨이나 이상화Idealization가 있을 수 있다. 잘못하면 배우자의 부모 노릇을 감당해야 하는 부담이 있을 수 있다. 또 당신의 부모와 같이 있는 당신을 질투할 수도 있다. 나이와 상관없이 부모가 없으면 자신이 고아인 줄 아는 어른아이도 많다.

사실 아내와 시간을 보낼 때는 자신이 어른으로서 감정도 조절하고 이성적으로 행동해야 할 것 같지만, 돌아가신 부모 앞에서는 응석도 부릴 수 있고, 감정을 속이거나 참을 필요도 없으니, 자기 자신에게 더욱 솔직할 수 있다고 느낄 수도 있다.

아내의 입장에선 남편이 남편 노릇은 하지 않고, 과거에 사로잡혀 있는 것 같아 화도 날 수 있고 외로울 수도 있지만, 왜 자신에게는 남편이 마음을 열지 않는지 한번 물어볼 필요가 있다. 원래 피붙이는 죽고 나면 나쁜 기억보다는 좋은 기억, 아쉬운 감정만 주로 남는 법이기 때문에 실제의 부모보다 돌아가신 부모는 더욱 이상화될 수도 있다. 반면에 함께 부대끼는 아내는 돌아가신 부모님과 비교가 될 수가 없다. 남편의 기억에 있는 부모는 인자하고 따뜻한 모습으로 남아 있을 가능성이 높지만, 살아 있는 아내는 우선 자신의 입장을 먼저 내세울 가능성이 높기 때문이다.

계속해서 돌아가신 부모님과 현재의 배우자를 비교하다 보면 마음의 문을 닫거나 부적절한 분노를 표출할 수가 있다. 반대로 돌아가신 부모를 그리워하는 아내 역시 마찬가지다. 자신보다 뭐든 잘하고 위대하게 보였던 아버지와 현재의 남편을 비교하면서 남편을 무시하고 미워하는 이들도 상당히 있다.

그러나 마음속 깊이 부모님에 대한 원망과 미련과 그리움이 없는 사람이 어디 있으랴. 다만 자신이 부모에게 갖고 있는 복잡한 심리를 제대로 보려는 사람과 그렇지 않고 외부의 누군가에게서 찾으려고만 하는 사람의 차이일 뿐이다.

시집살이를 심하게 해야 했던 여성들 중에서는 그분들만 돌아가시고 나면 남편하고 사이가 좋아질 것이라 은근히 기대하는 경우가 가끔 있다. 남편과는 전혀 문제가 없는데, 시부모가 훼방을 해서 남편과 사이가 나빠진 것이니, 시부모가 돌아가시고 나면 모든 것이 다 잘 풀릴 것이라고 기대하는 것이다. 몇 년 전 한 드라마의 주인공은 남편이 부모가 없고 돈 잘 버는 사람이라서 "넝쿨째 굴러온 당신"이라며 좋아하는 설정을 보여주기도 했다. 예전부터 부모는 없지만 똑똑한 남자를 데릴사위로 아들처럼 데리고 있겠다고 한 경우도 있었다. 한데 현실에서는 그런 부모 없는 남자들이 오히려 더 아내나 처갓집과 갈등을 일으키기도 한다. 반대로 처갓집이 별 볼일 없으니 좀 못한 집에서 며느리를 보면 모든 것이 다 시부모 원하는 대로 움직일 것이라 계산하고 며느리를 만만하게 보다가 오히려 사돈 있는 경우보다 아무 배경도 없는데 더욱 막강한 며느리한테 골탕을 먹는 경우도 있다.

또 부모가 싫어서 가출을 하거나, 먼 외국에 가 있는데도 여전히 부모의 그림자에 사로잡혀 옆에 있지도 않은 부모의 목소리와 싸우는 경우도 있다. 어떤 일을 할 때, 어머니가 잔소리했던 기억들, 아버지에게 맞았던 경험들이 겹쳐서 머리에 떠오르면, 마치 나의 심장에 부모가 자리 잡고 살면서 일거수일투족을 다 감시하고 코멘트하고 평가하는 것처럼 느낄 수도 있는 것이다.

현실의 부모는 사라지고 내 눈앞에는 없지만, 우리의 뇌에는 부모와 관련된 많은 기억들, 감정, 생각들이 잔뜩 저장되어 있어서 내 콤플렉스로 변형이 되면, 얼마든지 다른 모습으로 나를 괴롭힐 수가 있다. 이 정도 되면 부모 그 자체가 아니라, 부모에 대해 생각하고 행동하는 나의 태도가 문제란 뜻이다. 다만 좋은 소식은 현실의 부모는 내가 쉽게 바꿀 수 없지만, 내 머릿속의 부모는 내가 얼마든지 마음만 먹으면 바꿀 수 있다는 것이다. 물론 말처럼 쉽지는 않지만, 부모와 관련된 나의 정서와 태도, 행동들을 바꿀 수 있는 것은 결국 나 자신이므로, 스스로의 인생에 주인공이 되기 위해서는 꼭 거쳐야 할 단계라고도 할 수 있다. 부모의 그림자는 부모가 만들었지만, 그 그림자를 걷어내고 그 그림자와 결별하는 것은 결국 나 자신인 것이다.

5_ 이별에도 내공이 필요하다

에필로그

> 면도칼은 아프고
> 강물은 축축하고,
> 초산, 염산, 모두 상처를 남기고
> 수면제, 대마초, 진통제 모두 발작을 일으킨다
> 총은 법을 어겨야 구할 수 있고,
> 목을 매면 풀리기 십상이다
> 가스 냄새는 참을 수 없이 지독하니,
> 그냥 사는 게 차라리 낫다.
> – 도로시 파커, 〈다시 시작하는 이력서〉 중에서

상처는 나의 힘이다. 적어도 그렇게 믿으면서 힘들었던 때를 회고해 본다. 정말 힘들었을 때는 상처들이 내 자존심이 될 수 있고, 내 저력이 될 수 있다는 생각을 해 보지 못했다. 그럴 여유가 없었다. 세상에 어떤 사람이 남모르는 상처가 없겠는가. 다른 사람에게 끊임없이 날선 칼을 들이대 그들이 아픈 피를 흘리며 괴로워하는 모습을 보며 살아온 사람들도, 어이없게 자신의 상처를 이야기하면서는 감정에 북받쳐 한다. 모두 나의 상처, 나의 고통은 크게 보고 남들의 상처, 남들의 고통은 작게 보기 때문이다. 어쩌면 그게 살아 있는 생명의 존재 방식일지도 모른다. 자신의 상처를 돌보지 않고, 남들 아픈 것만 전전긍긍 살피다 보면, 결국 아프고 다치다가 소멸되어 가는 게 몸이기 때문이다. 그래서 본능적으로 사람들은 상처를 줄 만한 사람과 상황은 피해가려 한다. 일단 만나지 않으면 다칠 일이 없기 때문이다. 말로, 행동으로 남에게 악행을 일삼는 사람들이 돈과 권력이 없어지면 주변에 아무도 남지 않게 되는 이치다.

그런데 그런 이치가 잘 들어맞지 않는 관계가 있다. 바로 가족이다. 가족은 이론적으로는 서로를 보살피고, 아플 때 힘이 되어 주어야 하는 존재다. 그러나 실제로 적지 않은 가족들이 그렇게 하지 못하며 산다. 아예 남이라면 기대도 하지 않고, 실망도 하지 않을 일이지만, 그래도 가족이잖아, 하는 심정으로 상대에 대한 희망을 갖고 있다가, 도로 더 많은 상처를 받고 마음의 문을 닫는 경우가 적지 않다. 그렇게 시간이 가다 보면 나중에는 더 이상 회복되지 못할 정도로 서로에 대한 미움만 가득 쌓이고 남보다 못한 관계로 멀어지게 되는 것이다.

그런 아픈 기억들을 사실 가족 아닌 남들에게 털어 놓기도 쉽지 않다. 누워서 침 뱉는 것 같은 기분이 들기 때문이다. 그래서 더 가슴앓이를 하며 마음의 병을 키우다 결국 정신과 의사를 찾게 되기도 한다. 일단 정신과 의사는 비밀을 지켜 주지만, 잘못한 것에 대해 비난을 하지 않을 것 같기 때문이다. 하지만 정신과 의사들에게 속 시

에필로그

원하게 자신의 속내를 털어 놓는 기회를 누리는 사람들은 많지 않다. 각자 일에 바쁘고, 시간도 물질적인 여유도 없다고 느끼는 경우가 대부분이다. 이 책은 그런 사람들을 위한 소박한 소통의 장이다.

여기 나온 사례들은 모두 필자가 그동안의 경험에 의거해 완전히 새롭게 만들어 낸 일종의 소설들이다. 그러나 가족이라는 원형적 경험은 모두 비슷비슷한 점이 많기 때문에, 독자들은 어머, 이게 바로 내 사례네, 하고 생각할 사람들이 적지 않으리라 짐작해 본다. 각자가 모두 나의 경험은 정말로 고통스럽고, 특별하고, 나를 괴롭힌 가족들은 세상에 없는 별난 괴물들이라 생각할지 모르지만, 비밀스럽게 닫혀 있는 문을 열고 들어가 보면, 모두 비슷하게 크고 작은 상처의 기억들을 안고 사는 것이다.

불교에서는 삶에는 피할 수 없는 여덟 가지 고통八苦이 있다고 했다. 생로병사의 네 가지 고통에 더해서, 사랑하는 사람과 헤어져야 하는 고통, 미운 사람과 만나야 하는 고통, 구하지만 손에 쥘 수 없는 고통, 내 본능 때문에 일어나는 네 가지 고통이 있다. 사랑하는 정인과 가족들과 헤어져서 살아야 하고, 또 밉지만 인연을 끊을 수 없는 가족과 부대끼며 살아야 되는 고통, 가족이 내가 원하는 대로 움직여 주지 않아, 갖고 싶고 하고 싶은 일을 못하게 방해 받는 고통, 가족을 생각하면 내 본능대로 살 수 없는 고통들이다. 하지만 이 고통을 뒤집어 놓고 보면, 바로 이 고통들을 토대로 성장하고 깨달음을 얻는다는 것을 알 수 있다. 부처님께서 생로병사의 고통, 주변 사람들이 주는 고통을 의식하지 않았다면, 부처님이 될 수 없었을 것이다.

예수님의 경우도 마찬가지이다. 처음으로 집을 떠나 하느님을 만나는 회당에 머물고 있자 가족들이 놀라 찾아왔다. 이 때 예수님은 누가 내 아버지이고 어머니냐, 내가 머물러야 할 곳에 머물러야 한다는 것을 모르느냐, 라고 반문하셨다. 십자가에 매달려 돌아가시며 마지막 당부를 하실 때도 베드로와 그 제자들에게는 마리아가 너희들의 어머니이고, 마리아에게는 제자들이 당신의 아들이란 이야기도 남기셨다고 전해진다.

부처님과 예수님의 일화는 우리가 가족과 관련된 고통을 어떻게 보아야 할까에 대한 영감을 준다. 가족은 우리에게 피할 수 없는 운명이지만, 그 운명에 빠져 집착하고 헤어나지 못하면 진짜 나를 성취해 낼 수가 없다. 가족은 우리에게 가장 중요한 삶의 초석이지만, 동시에 걸림돌이기도 하다. 그러나 그 걸림돌은 가치가 없어서 가차 없이 버려야 할 무의미한 존재가 아니라, 오래오래 잘 보존해서 들여다보고 가꾸어야 할 보물이다. 한편으로는 내 발목을 잡고 늘어지지만, 한편으로는 내가 땅을 딛고 올바르게 서서 새롭게 도약할 수 있게 도와줄 발판이기도 하다는 뜻이다.

공고한 가족 이데올로기가 마음의 중심이었던 동양적 유교 전통

에필로그

은 깨지고. 그렇다고 책임감 있는 기독교적 가족관도 확립되지 않은 채 윤리적 가치관이 혼란스러운 시대라, 특히 21세기의 한국 가족은 더 취약해진 면도 있다.

많은 것을 누리면서도 서로에 대한 미움 때문에 지옥을 헤매는 가족도 있지만 고난 속에서도 깊고 아름다운 사랑으로 단합이 잘 되는 가족도 분명 존재한다. 진심으로 사랑하는 사람이 있으면 피할 수 없는 큰 충격과 상실도 잘 극복해 나갈 수 있는 것이다. 상대를 배려하고 공감해 주며 기다려 주는 참을성은 상대가 큰 잘못을 해서 가족 전체에게 설령 돌이킬 수 없는 손해를 끼쳐도 가장 중요한 것은 사람 그 자체라고 생각하며 잘못을 서로 감싸 안는다. 비교적 공정하게 서로를 존중하기 때문에 자신과 상대방의 잘못과 실수를 억지로가 아니라 자연스럽게 용서해 주는 힘도 생긴다.

건강한 가족들은 그렇다고 역사책에나 나오는 것처럼 환상적인 이상을 강요하지 않는다. 서로에 대한 기대도 현실적이다. 부모라면, 자식이라면, 형제라면, 적어도 이 정도는 되어야 한다는 틀보다는, 있는 그대로의 상대를 받아들인다. 인간이 완벽한 존재가 아니듯이, 가정이란 공동체 역시 흠 없는 천국이 될 수 없다. 겉으로 보기에 우리보다 더 잘 사는 것 같이 보이는 다른 가족과 비교하지도 않고, 그저 내 가족이니까 이유 없이 사랑할 수 있는 것이다. 상식에 어긋나는 바보 같은 행동을 하지 않는 자제력과 배려심이 있기에, 설령 욱

하는 마음으로 술, 도박, 외도, 싸움 등에 대한 유혹이 있어도 가족들의 얼굴을 떠올리며 자제한다.

가족에 대한 사랑은 우리 유전자에 각인되어 있는 원형적인 본능이지만, 그것을 잘 보존해 한 차원 높게 승화시키는 일은 결코 쉽지 않다. 그러나 그 과제는 학식이나, 돈 버는 능력과 비례하는 것이 아니라, 오히려 스스로 많이 모자라다고 생각하는 평범한 누구나 얼마든지 가꾸고 누릴 수 있는 가장 아름다운 보물이기도 하다.

《당신은 나의 상처이며 자존심》에 실린 시의 출처

문학과지성사
김광규, 〈빈집〉, 《하루 또 하루》
김이듬, 〈정말 사과의 말〉, 《히스테리아》
류근, 〈풍경〉, 《상처적 체질》
마종기, 〈동생을 위한 弔詩: 외국에서 변을 당한 壎에게〉, 《이슬의 눈》
오규원, 〈詩人 久甫氏의 一日 5: 눈싸움〉, 《가끔은 주목받는 生이고 싶다》
이하석, 〈투명한 속〉, 《투명한 속》
함성호, 〈고요한 재난〉, 《너무 아름다운 병》
최승자, 〈시작〉, 《즐거운 日記》

문학동네
서홍관, 〈꿈〉, 《어머니 알통》
서홍관, 〈영안실〉, 《어머니 알통》

문학세계사
함민복, 〈감촉여행〉, 《말랑말랑한 힘》

민음사
이상희, 〈내가 가끔 회상하는 건, 그날 잠에서 처음 깨어 나무 그늘 꽃 위에 쉬고 있는 자신을 발견하고, 나는 무엇이고 어디 있고 어디서 어떻게 그곳에 왔는가를 의아해 하던 그때의 일〉, 《잘 가라 내 청춘》

삼애사
김종길, 〈성탄제〉, 《성탄제》

창비
이영광, 〈독방〉, 《아픈 천국》
이영광, 〈작아지는 몸〉, 《아픈 천국》

• 이 책에 실린 시는 한국문예학술저작권협회와 출판권을 가진 출판사를 통해 저작권자의 동의를 얻어 수록했습니다.

당신은 나의 상처이며 자존심

초판 1쇄 발행 2015년 7월 1일   초판 2쇄 발행 2015년 10월 29일

지은이 이나미
펴낸이 연준혁

출판 6분사 분사장 이진영
편집장 정낙정
편집 박지수 최아영 조현주 이경희
디자인 하은혜

펴낸곳 (주)위즈덤하우스   출판등록 2000년 5월 23일 제13-1071호
주소 경기도 고양시 일산동구 정발산로 43-20 센트럴프라자 6층
전화 (031)936-4000   팩스 (031)903-3895
홈페이지 www.wisdomhouse.co.kr   전자우편 wisdom6@wisdomhouse.co.kr

값 13,800원   ISBN 978-89-5913-943-9   03180

• 잘못된 책은 바꿔드립니다.
• 이 책의 전부 또는 일부 내용을 재사용하려면 사전에 저작권자와
  (주)위즈덤하우스의 동의를 받아야 합니다.

국립중앙도서관 출판시도서목록(CIP)

당신은 나의 상처이며 자존심 : 그래도 사랑해야 할 가족과의 관계를
회복하는 법 / 지은이: 이나미. — 고양 : 위즈덤하우스 : 예담, 2015
p.;   cm

ISBN 978-89-5913-943-9 03180 : ₩13800

가족 관계(家族關係)

189.24-KDC6
158.24-DDC23   CIP2015016702